国家科技支撑计划课题（2015BAK11B03）
上海市科学技术委员会（19DZ1201702） 资助出版

城市道路塌陷灾害防控技术指南

Technical Guidelines for Prevention and Control of Urban Road Collapse

安关峰　胡群芳　主编

中国建筑工业出版社

图书在版编目（CIP）数据

城市道路塌陷灾害防控技术指南 = Technical Guidelines for Prevention and Control of Urban Road Collapse / 安关峰，胡群芳主编. — 北京：中国建筑工业出版社，2022.9
ISBN 978-7-112-27724-7

Ⅰ.①城… Ⅱ.①安… ②胡… Ⅲ.①城市道路－地表塌陷－灾害防治－指南 Ⅳ.①U418.6-62

中国版本图书馆 CIP 数据核字(2022)第 143562 号

责任编辑：李玲洁　王　磊
责任校对：张　颖

城市道路塌陷灾害防控技术指南
Technical Guidelines for Prevention and Control of Urban Road Collapse

安关峰　胡群芳　主编

*

中国建筑工业出版社出版、发行（北京海淀三里河路9号）
各地新华书店、建筑书店经销
北京红光制版公司制版
天津图文方嘉印刷有限公司印刷

*

开本：787毫米×1092毫米　1/16　印张：11¾　字数：292千字
2022年9月第一版　　2022年9月第一次印刷
定价：128.00元
ISBN 978-7-112-27724-7
(39630)

版权所有　翻印必究
如有印装质量问题，可寄本社图书出版中心退换
（邮政编码 100037）

本书编委会

主　　编：安关峰　胡群芳

参　　编：李　强　谢广勇　代　毅　周志勇
　　　　　程俭廷　张旭聪　马保松　方宏远
　　　　　王　谭　孙　衍　张　蓉　杨　粤

主编单位：广州市市政集团有限公司
　　　　　同济大学

参编单位：武汉特瑞升电子科技有限公司
　　　　　广州易探检测有限公司
　　　　　深圳市博铭维智能科技有限公司
　　　　　中山大学
　　　　　郑州大学
　　　　　广州诚安路桥检测有限公司

前 言

近年来，国内城市频发道路塌陷事故，导致车辆严重损毁、人员伤亡惨重、社会影响恶劣、群众反响很大。据调查，2009年仅北京市一地就发生了129起，其他城市如大连、哈尔滨、南京、深圳、广州、南宁也事故频发，其中，哈尔滨在9天内竟然连续发生7起道路塌陷事件，导致2死2伤、2车坠坑，引起了市民极度恐慌。针对上述情况，国土资源部、水利部于2012年3月印发了《全国地面沉降防治规划（2011—2020年）》，指出目前全国遭受地面沉降灾害的城市超过50个，分布于北京、天津、上海等20个省区市，需要统筹规划，综合治理。随后全国各地城市连续开展道路塌陷防控治理工作。

城市道路塌陷灾害直接关系人民生命安全。为有针对性地开展防灾减灾工作，提高城市道路抗灾韧性，有必要对灾害产生的机理、道路塌陷风险探查技术、检测与智慧感知技术以及新型处置加固材料等进行深入研究。当前，城市道路地下病害体综合检测与风险评估产业初具规模，新技术、新方法、新装备取得长足发展，尤其是三维地质雷达探测技术、道路病害非开挖处治技术、快速抢险技术取得重要突破，为开展大规模阶段性的城市道路空洞普查探测和周期性精细探测工作提供了重要的技术途径，为实现道路空洞普查探测与病害处治及道路管养相结合提供了关键技术支持，更为实现道路塌陷灾害防治"早发现、可防治、能预警、快处治、保安全"的目标奠定了坚实的基础。

当前，社会各媒介广泛报道道路塌陷事件，政府和公众高度重视和关注道路塌陷问题，但是对塌陷的原因了解不多，只注重现象（塌陷）不注重本质（成因）。因此，为使业内技术人员和社会公众充分掌握道路塌陷的内在原因和防控技术，专门编制了《城市道路塌陷灾害防控技术指南》（以下简称《指南》），以满足公众之需和社会之需。本《指南》系统总结了道路塌陷的原因，详细介绍了道路地下病害体探查技术、造成道路塌陷的排水管道检测技术、造成道路塌陷的压力管道渗漏探查技术、道路地下空洞治理技术以及道路塌陷防治实例。《指南》提出道路塌陷治本是核心，而治本关键在于提高地下设施尤其是地下管道的安全性。道路塌陷治标是措施，而治标关键在于提前对地下病害体（空洞、脱空等）精准探查，并开展预防性处置。

本《指南》汇聚来自一线的工程技术人员现场经验，全书内容丰富、图文并茂，可以作为政府监督部门、建设单位、管养单位实施城市道路塌陷灾害防控工作的指南手册，同时方便工程技术人员、管理人员的参考与使用，也可供政府监督部门、建设单位、管养单位的相关人员使用，并作为高等院校工程专业的教学科研参考书。

本书在编著过程中在资料收集方面得到广州市市政公路协会张绮雯、钟亮等工程师的大力帮助，在此表示衷心感谢！

本《指南》在使用过程中，敬请各单位总结和积累资料，随时将发现的问题和意见寄交广州市市政集团有限公司。通信地址：广州市环市东路338号银政大厦；邮编：510060；E-mail：anguanfeng@126.com，以供今后修订时参考。

目 录

第1章　绪论	1
1.1　城市道路塌陷现状	1
1.2　道路塌陷防控技术	2
第2章　塌陷事故统计分析与形成机理	4
2.1　国内地面塌陷事故统计分析	4
2.2　道路塌陷成因机理	11
第3章　道路塌陷成因分析	14
3.1　概述	14
3.2　管渠渗漏或破裂致塌	14
3.3　明挖隧道施工致塌	19
3.4　暗挖、盾构及顶管法地下工程施工致塌	20
3.5　岩溶（土洞）致塌	21
3.6　地下人防工程洞室失稳致塌	22
第4章　地下病害体探查技术	24
4.1　概述	24
4.2　探地雷达技术	27
4.3　高密度电阻率技术	32
4.4　瞬态面波技术	37
4.5　微动勘探技术	40
4.6　地震映像技术	45
4.7　瞬变电磁技术	48
第5章　排水管道病害探查技术	54
5.1　概述	54
5.2　管道闭路电视检测技术	55
5.3　管道潜望镜检测	63
5.4　管道胶囊检测	66
5.5　声纳检测技术	79
5.6　激光检测技术	85
5.7　电法测漏检测技术	88
5.8　管中雷达检测技术	90
第6章　压力管道病害探查技术	96
6.1　概述	96
6.2　流量法	99

6.3 压力法 ……………………………………………………………… 102
6.4 噪声法 ……………………………………………………………… 105
6.5 听音法 ……………………………………………………………… 118
6.6 相关分析法 ………………………………………………………… 129

第7章 道路地下空洞治理技术 ……………………………………………… 138
7.1 概述 ………………………………………………………………… 138
7.2 管道修复技术 ……………………………………………………… 138
7.3 空洞回填技术 ……………………………………………………… 156

第8章 道路塌陷防治实例 …………………………………………………… 164
8.1 概述 ………………………………………………………………… 164
8.2 道路塌陷检测 ……………………………………………………… 164
8.3 地下病害体治理 …………………………………………………… 170

参考文献 ……………………………………………………………………… 180

第 1 章　绪　　论

1.1　城市道路塌陷现状

城市道路塌陷是我国城市发展过程中出现的典型"城市病"之一。随着中国经济社会快速发展，城镇化进程加快，人类活动加强，地面塌陷灾害尤其是道路塌陷灾害时有发生，灾害损失、灾害影响面也不断扩大。城市道路塌陷灾害虽然规模不及采矿区地面塌陷，但因为发生在人口集中的城市地区，严重威胁到城市运营、经济发展和人民安全，所以其造成的社会影响和经济损失往往更大。

目前，随着极端天气和人类活动的加剧，全国城市道路塌陷灾害（图 1.1-1）进入集中爆发的高峰期，遍及全国各省市，从沿海到内陆，从一线大城市到二线、三线中小城市，尤为典型的事故有：2018 年的 2.7 佛山塌陷事故、10.7 四川达州塌陷事故，2019 年 12.1 广州道路塌陷事故，以及 2021 年 1.13 西宁塌陷事故，共造成 29 人死亡，25 人受伤。据地下管线委员会不完全统计，自 2019 年 1 月至 2020 年 5 月 10 日仅媒体报道的全国范围内道路塌陷事故就达 165 起。道路塌陷常成为公众关注的焦点和热点，严重地影响到区域人民生命财产安全和社会的稳定和谐，成为关系社会安定的民生问题。

图 1.1-1　道路塌陷实例照片

随着城市的发展，国外地面塌陷事故也时有发生。2019 年 12 月 11 日，巴西首都巴西利亚发生道路塌陷事故，导致4辆汽车滑入塌陷坑中，塌陷事故现场如图1.1-2所示，经调查塌陷原因是工作现场附近的一根地下水管爆裂冲蚀周边土体最终造成塌陷事故。2017年11月20日美国纽约曼哈顿区发生路面坍塌事故，塌陷事故现场如图1.1-3所示，经调查塌陷原因是由于城市地下排水管道断裂侵蚀管线周边土体，从而造成道路塌陷事故。2016年11月8日，日本福冈市JR博多站前发生大规模道路塌陷事故，塌陷坑长约30m，宽约15m，塌陷事故现场如图1.1-4所示，经调查塌陷原因是由于地下废水管道破损，导致废水流出，侵蚀土体形成塌陷区，进而引发塌陷事故。2016年5月25日，意大利佛罗伦萨一路段发生道路塌陷事故，产生长约200m，宽约6m的塌陷区域，塌陷事故现场如图1.1-5所示，经调查塌陷原因是由于地下输水管线发生破裂，造成水体渗漏侵蚀周边土体形成地下空洞，最终造成道路塌陷事故的发生。

图1.1-2　巴西利亚道路塌陷

图1.1-3　美国纽约曼哈顿区道路塌陷

图1.1-4　日本福冈市JR博多站道路塌陷

图1.1-5　意大利佛罗伦萨道路塌陷

1.2　道路塌陷防控技术

必须认识到，在树立和端正"预防为主、治理为辅、防治结合"的防治理念下，道路塌陷事故是可以尽可能避免的。从长远的经济效益和社会影响来看，在预防阶段投入较多的人力物力，是有效的，也是值得的。

道路塌陷的预防和整治涉及多个部门，是一个整体性、系统性工程，需要政府牵头，各部门企业通力合作。为此，提出以下预防措施。

(1) 对道路地下病害体的探查

加大城市道路管养资金投入，通过采用探地雷达法、高密度电阻率法、瞬态面波法、微动勘探法、地震映像法、瞬变电磁法，查明道路塌陷隐患如脱空、空洞、疏松体和富水体等城市地下病害体的空间位置和分布特征。加强路面常态化巡查与监测，尤其是分层沉降监测，也注重暴雨过后等关键时期的巡查。

(2) 对道路下管道病害的探查

对地下管线（特别是排水管线和给水管线）的分布和工作状况进行探查，普查与详查相结合。对排水管道，通过采用CCTV检测技术、潜望镜检测、管道胶囊检测、声纳检测技术、激光检测技术、电法测漏检测技术、管中雷达检测技术，查明排水管道病害和管周土体病害的空间位置和分布特征、病害严重程度，提出管道修复和周边土体病害处置的建议。对给水管道，通过采用流量法、压力法、噪声法、听音法、相关分析法，查明给水管道渗漏病害位置，提出管道修复的意见和建议。对老旧管线进行维修保养或更换。

(3) 对道路地下病害体的治理

在查明道路塌陷隐患如脱空、空洞、疏松体和富水体等城市地下病害体的空间位置和分布特征后。对疏松体和富水体等病害可以采用注浆加固技术。对脱空、空洞等病害可采用空洞回填、注浆加固或回填与注浆组合技术消除隐患。空洞回填、注浆加固应进行专项的设计。

(4) 对道路下管道病害的治理

对管道病害的治理有明挖开槽修复和非开挖修复，管道非开挖修复技术包括注浆法修复技术、翻转式原位固化修复术、拉入式紫外光原位固化修复技术、水泥基材料喷筑修复技术、高分子材料喷涂修复技术、机械制螺旋缠绕修复技术、管道垫衬修复技术、热塑成型修复技术、管片内衬修复技术、不锈钢双胀环修复技术、不锈钢快速锁修复技术、点状原位固化修复技术、短管穿插修复技术，通过采用上述技术可以对管道各类病害进行治理。

(5) 设计、施工与监测

做好路面及路基排水的设计与施工，加强排水，防止路面积水。地铁、管道、隧道等地下工程需穿越道路下方时，应提前对施工场地及周围进行地面塌陷风险评估，加强设计方案、施工方案审查，强化按施工方案实施和施工人员培训，保证施工质量。施工阶段也应对路面和路基进行严格有效的监测，以便及时发现问题，采取应对措施。道路施工之前，应探测道路下方是否存在空洞等隐患。地下管线，尤其是给水排水管道、热力管道等应优选管道材质，严控施工质量。

第 2 章　塌陷事故统计分析与形成机理

2.1　国内地面塌陷事故统计分析

2.1.1　全国道路塌陷发生省份与区域统计分析

按中国城市规划协会地下管线专业委员会 2019 年 10 月至 2020 年 9 月道路塌陷事故统计（图 2.1-1），发生事故较多的省份为广东省、河南省和河北省，事故数量分别为 25 起、19 起和 19 起，分别占地下管线破坏事故总数的 10.92％、8.30％和 8.30％。云南省、新疆维吾尔自治区、西藏自治区和香港特别行政区未统计到路面塌陷事故。

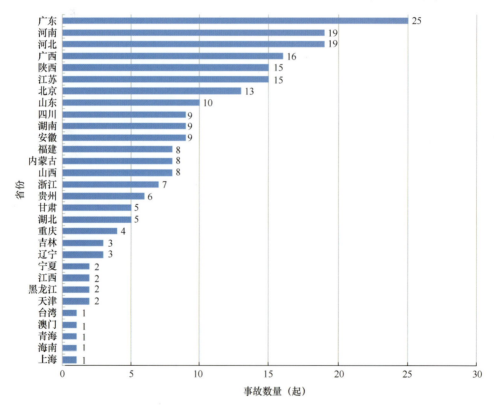

图 2.1-1　全国各省路面塌陷事故数量图

按区域统计（图 2.1-2），华东地区（上海、江苏、浙江、安徽、福建、江西、山东）发生的道路塌陷事故最多，共 52 起，占道路塌陷事故总数的 22.71％；其次是华北地区（北京、天津、河北、山西、内蒙古），共发生 50 起道路塌陷事故，占道路塌陷事故总数的 21.83％。

第 2 章 塌陷事故统计分析与形成机理

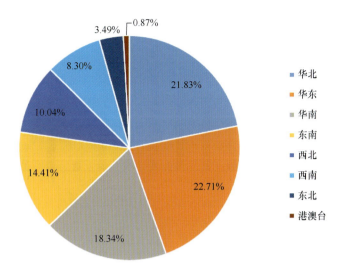

图 2.1-2 全国道路塌陷事故区域分布图

总体而言，从全国来看，道路塌陷在全国各省和区域都有发生，在经济活跃度高的地方发生的数量相对较多。

2.1.2 塌陷发生时间统计分析

宋谷长等统计了北京市发生的 277 起道路坍塌案例（图 2.1-3），分析了其表观特征、时间特征和空间特征。结果显示，7～8 月是事故的频发期，分析原因是这一时期为北京市的主汛期，降雨丰沛，地下水位变幅大，对道路路基稳定性影响较大，易形成路面坍塌事故。

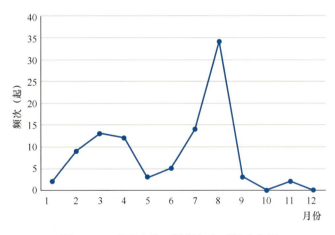

图 2.1-3 北京市路面坍塌年内时间分布图

胡群芳等统计了上海市自 2003～2020 年发生的 89 起典型道路塌陷事故案例（图 2.1-4），分析了其时间分布特征与发生原因，从塌陷事故月份分布图可以看出，随着上海市于 6 月进入汛期以来，至 7 月达到事故发生高峰，与北京市规律大体类似，降雨量较少的 10～12 月事故较少。

5

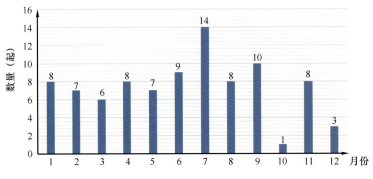

图 2.1-4　上海市 2003～2020 年路面坍塌事故月份分布

深圳市地面塌陷事故统计结果同样表明（图 2.1-5），在自 6 月始逐步进入汛期后，随着降水量增加，地面塌陷事故也逐步增多。

可见从国内三个主要城市统计数据看，道路塌陷与降水存在一定数据关联性。

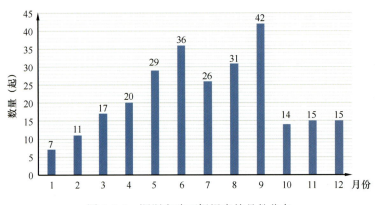

图 2.1-5　深圳市路面坍塌事故月份分布

胡聿涵等对全国 2005～2015 年发生的 120 次路面坍塌案例进行了统计分析，图 2.1-6 为全国城市道路坍塌次数按月分布图，可见 6 月、8 月、9 月、11 月、12 月和 1 月为坍塌

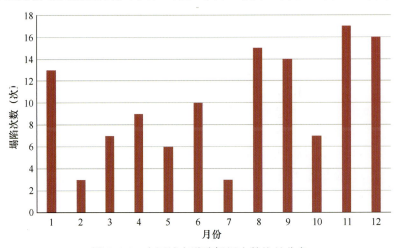

图 2.1-6　全国城市道路坍塌次数按月分布

较高发的月份。

郭林飞等采集到 2014～2018 年间 31 个省市的城市道路塌陷事故案例，共计 2322 个事故样本，统计事故发生月份如图 2.1-7、图 2.1-8 所示，可以发现这 5 年各月份事故频数走势基本吻合，1～2 月及 11～12 月事故数较少，3～6 月、9～10 月事故频数居中，7～8 月事故数最多。

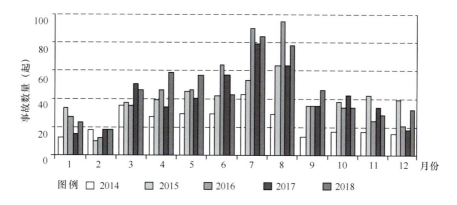

图 2.1-7　2014～2018 年塌陷事故频数月份统计

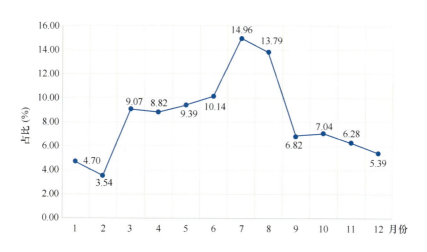

图 2.1-8　2014～2018 年塌陷事故月分布占比总体趋势图

经中国气象局官网查询我国累年各月平均降水量，11 月至次年 2 月雨水较少，事故也相应较少。事故频数自 3 月起骤升，这可能与春季降雨明显增长有一定关系。每年的 7、8 月份是道路塌陷事故的高发期（图 2.1-9），我国这两个月份的降雨量远高于其他月份，瞬时降雨强度大，雨污水管网往往难以满足排水需求，故在这两个月中，因暴雨等恶劣气候所致道路塌陷事故占比较高，雨污水管道爆管所致事故也存在不少。不难发现，这种变化规律与降雨量月份变化规律极其相似。

总体而言，道路塌陷事故发生的时间多集中于多雨季节，地下水位变幅大是多数道路塌陷的主要诱因。

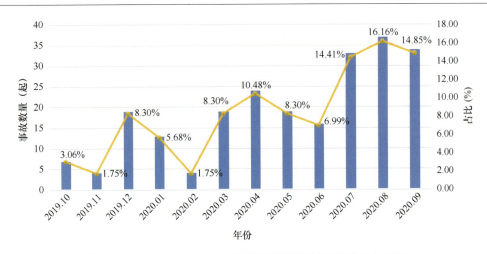

图 2.1-9　2019.10～2020.9 全国道路塌陷事故月度分布占比图

2.1.3　塌陷深度统计分析

宋谷长等统计了北京市 3 年内的道路塌陷事故发生深度（表 2.1-1），结果显示北京市道路塌陷的深度一般在 0～12m 之间，其中深度为 0～5m 的为多数，占统计数量的 80% 以上。

北京市道路塌陷深度分布表　　　　表 2.1-1

塌陷深度 h (m)	$\leqslant 1$	$1<h\leqslant 2$	$2<h\leqslant 3$	$3<h\leqslant 4$	$4<h\leqslant 5$	$5<h\leqslant 6$	$6<h\leqslant 7$	$7<h\leqslant 8$	>8
百分比（%）	23	35	13	6	4	3	3	10	3
累计百分比（%）	23	58	71	77	81	84	87	97	100

胡聿涵等统计了深圳市 2005～2015 年共 22 次道路塌陷事故的深度，如图 2.1-10 所示。

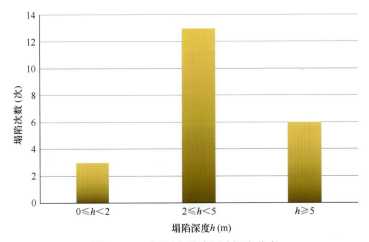

图 2.1-10　深圳市道路塌陷深度分布

从图 2.1-10 可知，塌陷深度多数大于 2m，在 2～5m 的分布较为集中，与北京市塌陷深度范围基本一致，可见国内道路塌陷的深度大部分均位于浅层土层区域，深度集中在 2～5m 之间。

总体而言，近年来发生的道路塌陷事故深度集中在 2～5m 之间，大部分属于浅部填土受渗流、扰动影响造成水土流失，在路面下形成脱空区，最终导致地面塌陷。

2.1.4 危害性统计分析

通过对广州市塌陷事故的危害性统计分析，道路塌陷危害性等级可划分为 5 类，根据经济损失分为危害性小、危害性中等、危害性较大、危害性大和危害性极大。其中经济损失 3 万元以下为危害性小；经济损失 3 万～20 万元为危害性中等；经济损失 20 万～100 万元为危害性较大；经济损失 100 万～500 万元为危害性大；经济损失 500 万元以上为危害性极大；出现人员伤亡根据实际情况分别定为危害性较大～极大。

根据上述划分准则，对 2015～2019 年广州市道路塌陷危害性总体统计（图 2.1-11），总体来看，广州市近年来发生的道路塌陷事故危害性以小和中等为主，占总数的 88%，危害性较大事故占比 9%，但同时也发生了 2 起危害性大和 1 起危害性极大的塌陷事故，社会影响较大。

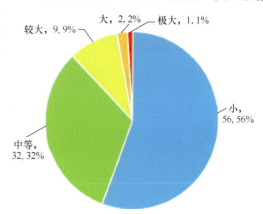

图 2.1-11　2015～2019 年广州市道路塌陷危害性总体统计图

总体而言，道路塌陷事故危害性以小和中等为主。

2.1.5 塌陷原因统计分析

胡群芳等对上海市道路塌陷案例分析结果表明（图 2.1-12），道路塌陷受地下赋存管线、临近工程施工、不良地质条件、道路交通荷载以及自然灾害事件等五大主要因素影响，其中地下管线、工程施工以及不良地质影响约占总量的 88%。

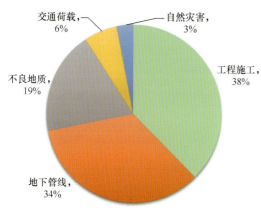

图 2.1-12　上海市道路塌陷原因分布

深圳市某年道路塌陷原因的统计结果表明（图 2.1-13），塌陷事故产生原因与上海市统计规律相近，主要受到地下管线、工程施工、路基沉降和降雨等影响，其中地下管线、工程施工和路基沉降三类因素占到总量的 94%。

胡津涵等对 2005～2015 年国内发生的道路塌陷原因进行了统计（图 2.1-14），认为人为因素引起的道路塌陷中，管道破损渗漏和施工（包括地铁施工扰动土体、管线施工回填不实等）占比较大，占总量的 87%。

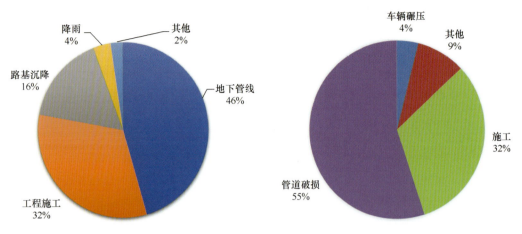

图 2.1-13 深圳市道路塌陷原因分布　　图 2.1-14 中国城市道路塌陷原因分布

2013 年 1 月～2015 年 12 月，深圳市发生道路塌陷事故 579 起。其中：给水排水管道破损导致道路塌陷占 57.4%，管线施工不当占 11.8%，地铁等轨道交通线路施工占 10.6%。这三项因素引发的道路塌陷事故约占全市道路塌陷事故总量的 80%。

郭林飞等对 2322 起塌陷事故原因进行统计分析，其中 1139 起有明确的直接原因。塌陷原因统计结果如图 2.1-15 所示，管道渗漏引起的塌陷事故有 564 起，占已明确原因事故总数的 49.5%；由恶劣天气（主要是暴雨）导致的塌陷事故 280 起，占已明确原因事故总数的 24.6%；由在建工程施工导致的塌陷事故 162 起，占已明确原因事故总数的 14.2%。以上 3 点为塌陷事故的主要直接原因，地质因素引起的塌陷事故仅占 6.1%。

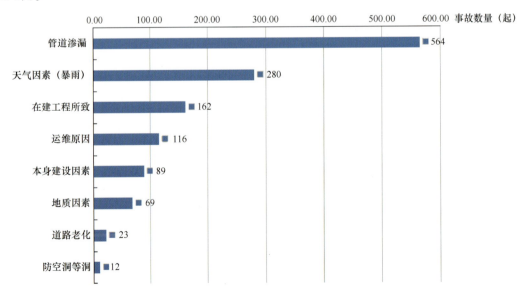

图 2.1-15 全国城市道路塌陷事故直接原因分布图

总体而言，道路塌陷发生由自然因素造成的塌陷事故极少，绝大部分道路塌陷事故为地下管道渗漏、地下工程施工及道路开挖后修复不到位等人为因素造成，由于地质因素等其他因素引起的占比较少，绝大部分不属于地质灾害。值得关注的是我国城市市政管网系统面临的主要问题是市政管网"家底不明、现状不清、信息不全、手段落后"。

2.2 道路塌陷成因机理

道路塌陷事故的形成与产生往往伴随多方面复杂因素，很难从单一因素角度剥离其成因机理。从前文原因特征的统计与分析结果可以看出，其形成受道路地下土层、道路环境、周边环境以及气象因素等影响。根据研究，其形成与产生机理可以简单总结为：道路下方环境在内在因素或周边设施缺陷的存在下逐步形成如空洞、疏松等地下病害体，病害体伴随如外部因素逐步发展演化，最后在外在诱因的引发下，形成道路塌陷事故。其中内在因素主要表现为不良地质条件、不良覆土；外部因素主要表现为管线等地下设施病害、车辆荷载、施工扰动、降雨等因素。

不良地质条件、不良覆土是道路塌陷的内部原因。城市道路下方可能存在软土、填土、砂土、天然溶洞等，软弱地质环境及自有空洞是形成道路塌陷的基础。

道路塌陷的发展研究中，目前大多采用数值研究及解析研究，主要可以分为三类。第一类为细观尺度下土颗粒移动和流失导致骨架力链变形的研究，这类研究从颗粒流的角度出发，分析颗粒流失对土体单元变形的影响，进而分析水土流失后地面沉降及塌陷的宏观发展规律。第二类为宏观尺度下地下空洞诱发道路塌陷过程的数值模型试验研究，这类研究借助于有限元与离散元数值模拟软件，分析土体结构、振动荷载、降雨入渗等多个因素对道路塌陷发展过程的影响。第三类为道路塌陷破坏机理的理论研究，这类研究中，诸多学者将普氏平衡拱理论、塑性极限平衡理论、突变理论等方法应用于建立道路塌陷的物理力学模型中，提出了基于单拱效应、双拱效应、多种突变判据的道路塌陷发展机理等。

必须注意的是，空洞的发育是道路塌陷发生的内因。空洞发育过程主要包括细颗粒流失和隐伏空洞形成。

1. 细颗粒流失

对于发生在城市道路等处的地陷，由于其地表以下原为质量良好的土层。在发生地下水位变化、管道渗漏时，渗流将疏松土体中细颗粒携带走，造成渗水通道扩张，进一步提高渗流的速度，提供更大的渗流动水力。最终，土层中的细颗粒逐步流失，剩余大颗粒以骨架的形式存在，形成稳定的架空体系支撑上部覆盖土层。有学者将这一过程解释为"地下水蚀"，即：地下水位的下降导致覆盖土和含水介质本身失去地下水的托浮力，因而在重力作用下，土体下落；地下水的流动与渗透作用，又在土体内形成许多漏斗状与珠串状的裂隙松散结构；当水把填充物进一步携带走而使上覆盖层支撑进一步减弱时，这种结构进一步扩大并互相贯通，规模愈来愈大（图 2.2-1）。

2. 隐伏空洞形成

路面以下出现空洞后，在其发育初期、规模不大时处于稳定状态，如黄土地区的窑洞。但是，随着空洞规模的扩大、施工扰动、车辆振动等因素，隐伏空洞规模会扩大，并最终出现突发性塌陷。

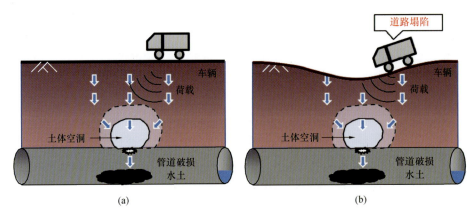

图 2.2-1 车辆荷载下道路塌陷的发展过程示意图
(a) 道路下方出现地下空洞；(b) 地下空洞发展为道路塌陷

吴子树等利用理论计算推求出隐伏空洞最大跨径和上覆土层厚度间的关系（图 2.2-2），见公式（2.2-1）：

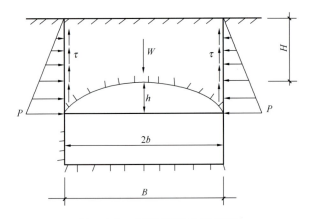

图 2.2-2 空洞极限跨度计算图

$$B = 2b = \frac{2c(H+h) + K_a \gamma (H+h)^2 \tan\varphi}{\gamma(H+h/3)} \quad (2.2\text{-}1)$$

$$K_a = \tan^2\left(45° - \frac{\varphi}{2}\right) \quad (2.2\text{-}2)$$

式中　γ——土表观密度（kN/m^3）；
　　　c——土黏聚力（kPa）；
　　　φ——土内摩擦角（°）；
　　　H——上覆土厚（m）；
　　　h——拱高（m）；
　　　B——空洞的跨度（m）。

可见，空洞的极限跨度跟黏聚力 c、摩擦角 φ、表观密度 γ、上覆土厚 H 直接有关系。在 c、φ、γ 一定的条件下，上覆土厚 H 越大，则极限跨度 B 也就越大。

地下管线与地下设施的病害、邻近施工、长期车辆荷载是道路塌陷的外部因素。地下敷设的给水管道以及排水管道往往会出现裂缝、破损、管节错位变形等病害，同时地下民防设施、通道、地铁隧道、市政隧道等也会产生结构损坏变形，在地下水的渗流作用下，这些地下设施缺陷形成的新渗漏通路就会逐步通过内部水体或外部渗漏水将周边赋存土体侵蚀，逐步形成地下空洞。临近施工会对周围道路土层产生较大扰动，并影响地下水位。如地铁隧道施工、基坑施工过程中，若没有采取合理的支护措施，就容易出现地层失稳。同时深基坑开挖降水过程中，基坑围护墙后侧地下水位下降，也易出现流砂和管涌现象，水土流失形成空洞。道路上方长期存在车辆行驶，会给下方土层带来长期振动荷载，对于松软土层、填土不密实等环境往往随着荷载的长期作用，使其产生疏松、空洞。以上外部因素均是引起地下病害体产生与发展的直接条件。

　　突发降雨、供水管道爆管、路面荷载、地表水系等是道路塌陷的外部诱因。在地下病害体形成后，如发生强降雨或者供水管道爆管，往往导致排水管道满水冒溢、路面积水，地下水位上升，加大对地下病害体冲刷，从而短时扩大地下病害体规模，使得地基承载能力下降，诱发道路塌陷。当路面荷载过大时，如重载车辆驶过既有地下空洞道路时，超过道路承载能力，从而诱发道路塌陷。当破损的地下管道与地表水系形成联通渗流通路时，随着地表水系的入渗，潜蚀地基，逐步降低地基承载能力，扩大地下病害体规模，最终诱发道路塌陷。

　　综上所述，道路塌陷往往在内外原因影响下，并在外部诱因的引发下发生。塌陷成因、病害体、检测与探查、修复治理是防治技术的根本与关键。下文将围绕塌陷成因、地下病害体与管道病害探查以及修复治理几方面内容展开介绍。

第 3 章 道路塌陷成因分析

3.1 概述

目前国内外针对道路塌陷的研究主要集中在地下空洞的发展与道路塌陷的发展这两方面。其中，地下空洞发展的诱因可以主要归纳为水的作用、振动作用、地下工程施工作用及地下管线破裂作用四个方面。**诸多研究表明，管渠渗漏或破裂、地下水开采、真空吸蚀和水位升降等水位变化作用会导致地下空洞产生，而明挖隧道施工、暗挖、盾构及顶管法地下工程施工外部扰动，车辆振动扰动以及岩溶（土洞）、地下人防工程洞室在水位变化作用下诱发，会对土层产生附加应力，诱发地下空洞直接破坏或扩张之后破坏（塌陷、失稳）。**

3.2 管渠渗漏或破裂致塌

3.2.1 成因分析

城市涉水管网众多，分布广泛，存在建设标准不一、建设主体较多、施工质量差异较大、维护管理力度不同等特点。主要存在问题及塌陷成因如下：

（1）城镇排水管道建设与运维管理不统一。

城市排水管网除部分由水务局等政府部门建设外，尚有大量由村集体、工业区等自行建设，这部分管网存在缺乏报建归档资料、建设标准低、设计不规范、施工质量差、维护不到位等问题，导致部分管网老化、破裂，雨水掏空土层，形成地下空洞，存在产生路面坍塌的隐患。

（2）早期建设标准偏低，管道质量难以保证。城市早期给水排水管道的建设标准普遍偏低，相当一部分采用了素混凝土排水管，这些管材结构强度偏小，非常容易破裂、粉碎，造成雨水冲刷带走周边泥沙，造成地下空洞，导致道路塌陷。另外城市早期建设时供水管材采用了大量灰口铸铁管，该管材除接口漏水、管身沙眼漏水外，最大的隐患是管身纵向开裂爆管，从而引起道路塌陷。

（3）管材质量达不到标准要求。根据近几年排水管道维修抢修统计数据，推广应用的埋地塑料管（或复合管）的事故频率（每年每百公里管道发生事故的次数）远大于钢筋混凝土排水管。部分排水塑料管（或复合管）管材不满足产品标准要求。某工程排水塑料管，在埋入地下不超过 2 个月，即发现管材开裂（图 3.2-1）；球墨铸铁管和混凝土管同样存在质量问题（图 3.2-2 和图 3.2-3）。

（4）施工不满足规范要求。塑料管道施工带水敷设作业、端口连接不规范，不满足《给水排水管道工程施工及验收规范》GB 50268 的要求（图 3.2-4）。

图 3.2-1 塑料管材开裂示意

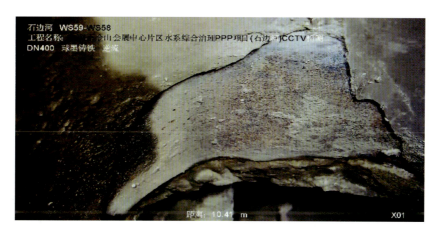

图 3.2-2 球墨铸铁管保护层脱落示意

图 3.2-3 混凝土管开裂

混凝土管道施工中回填材料、回填压实度不满足《给水排水管道工程施工及验收规范》GB 50268 的要求（图 3.2-5）。

图 3.2-4　塑料管不按规范铺设

图 3.2-5　混凝土管不按规范施作混凝土基座，直接回填粉细砂

（5）污水与气体腐蚀管道。部分偷排工业废水未达到《污水排入城镇下水道水质标准》GB/T 31962—2015 的相关要求与生活污水及气体造成市政混凝土、钢筋混凝土管道内部腐蚀严重，钢筋外露，管壁变薄，进而破裂、渗漏，产生路面坍塌隐患（图 3.2-6）。

图 3.2-6　污水及气体腐蚀导致混凝土管钢筋外露，管壁变薄

(6) 管道基础沉降，排水检查井坍塌。各城市地质条件复杂区域，不良地质条件下管道基础建设要求较高，由于部分不良地质区域的管道基础与管道接口等施工质量欠佳，或基底压实不足，回填材料和回填质量达不到设计要求，导致管道发生不均匀沉降、变形和拉裂，进而引发道路塌陷。

部分工程存在跌水井未按标准图建设，或压力释放井无消能、加固措施，长期冲刷导致井壁破损，引发井筒周边道路塌陷。

(7) 管网老化引起的渗漏、破损。城市地下供排水管线建成时间较早，部分管道的使用时间较长，管材自然老化导致强度有所下降，更容易在外力作用下发生破损而造成渗漏，在发生道路塌陷的案例中，不乏类似情况。

目前，我国排水管道主要使用混凝土管、塑料管、玻璃夹砂管、金属管（钢管）等管材。根据《城镇给水排水技术规范》GB 50788—2012，城镇给水排水设施中主要构筑物的主体结构和地下干管，其结构设计使用年限不应低于 50 年。根据广东省建筑设计研究院的研究成果，我国混凝土成品管及钢筋混凝土成品管、玻璃纤维增强塑料夹砂管、硬聚氯乙烯（UPVC）管、高密度聚乙烯（HDPE）管、钢管、球磨铸铁管的最佳建议使用期限分别为 30 年、20 年、20 年、20 年、30 年、50 年。超过使用期限后，管网老化出现缺陷概率将增大，需要加强日常养护管理，必要时应进行更新改造，保障老旧管网的正常运行。

3.2.2 典型案例

2020 年 3 月 7 日长沙市雨花区道路塌陷桂花路瑞宁花园前面南厢车行道出现大小约 2m×2m 的道路塌陷（图 3.2-7）。事故塌陷位置路面下为老旧市政排水管道。经现场核验后初步判断，该处塌孔为排污管道接口检查井位置存在渗漏水，长时间冲刷造成裂口变大，进而对周边水土冲刷造成流失形成空洞，在临界点由重车通过时造成塌孔。

图 3.2-7　长沙市雨花区桂花路道路塌陷

2019 年 8 月 6 日，深圳市福强路发生道路塌陷事故，产生深约 5m 的塌陷坑，导致一辆公交车被困，塌陷事故现场如图 3.2-8 所示，经调查塌陷原因是由于地下污水管线破裂导致水土流失形成隐伏空洞，在车辆循环荷载作用下最终发生塌陷，形成洞口面积为

图 3.2-8 深圳市福强路道路塌陷

5m²,洞内面积约 15m² 的塌陷区域。

2017 年 11 月 16 日下午上海四平路溧阳路口发生口径 1.2m 自来水管爆裂(图 3.2-9)。事发时水管爆裂处喷出的水柱高达 2m,持续时间长达 40min。爆裂的原因为管道年代久远,爆管属于老式的灰口铸铁自来水管。

图 3.2-9 上海四平路溧阳路口供水管道爆管

3.3 明挖隧道施工致塌

3.3.1 成因分析

随着我国地下空间开发强度日益增加，大量深基坑开挖呈现距离建（构）筑物近、深度深、尺寸大、场地紧张等特点。部分基坑开挖施工时，发生基坑工程透水、涌砂或支护结构变形超标等事故，造成周边道路下沉甚至坍塌。

主要成因有以下两方面：

（1）基坑周边沉降变形，甚至基坑支护破坏，导致管网破裂。由于绝大部分基坑均位于建成区，基坑周边建筑密集、紧邻市政道路及管线，一旦基坑围护变形过大或地下水位降低较多，使得基坑周边区域产生不均匀沉降，进而使得周边给排水管线发生断裂，水流冲刷泥土产生地下空洞，进而引发道路塌陷事故。部分基坑由于支护方案存在缺陷、为赶工期超量挖土、施工单位擅自减少支撑等原因，导致基坑支护发生支护墙体断裂、边坡垮塌等事故，进而引发道路塌陷。

（2）渗流导致水土流失，造成道路塌陷。在饱和含水地层（特别是有砂层、粉沙层、其他透水性好的地层），由于围护墙的止水效果不好或止水结构失效，导致大量地下水夹带砂粒涌入基坑，严重的水土流失导致道路塌陷。

3.3.2 典型案例

2019年12月13日厦门地铁2号线吕厝路口配套的物业开发地块施工现场发生约500m²塌陷（图3.3-1）。道路塌陷事故原因为该项目施工过程中临时格构立柱承重超负荷导致失稳，造成局部顶板瞬间坍塌。

图 3.3-1 厦门地铁2号线吕厝路口道路坍塌

2020年5月25日，广州越秀区六榕辖区内东风西路120号、120号之一至之四、菜墟涌边5号房屋所在区域因地铁11号线彩虹站明挖施工造成路面下沉变形、菜墟涌边5号房屋墙体开裂、室内地面变形等情况（图3.3-2）。

图 3.3-2　地铁 11 号线彩虹站明挖施工造成路面与房屋下沉变形

3.4　暗挖、盾构及顶管法地下工程施工致塌

3.4.1　成因分析

城市隧道工程的显著特点是埋深浅，围岩软弱、地质条件差，地表建筑物及地下管线密集，在南方及沿海地区地下水水位较高。这些特点决定了城市隧道施工过程中地层变形控制的技术难度大，极易发生较大地层沉降并传递至地表，而城市地面建筑物及地下管线设施可以承受的地表变形是有限的，当变形过大时将影响到这些设施的安全，并引发地表塌陷。

我国轨道交通和综合管廊的隧道建设，大量采用盾构法施工，部分站点或隧道段采用矿山法暗挖或顶管施工方式。在管道顶进、暗挖隧道、盾构施工等作业时，受地质结构不稳定、给水排水管道渗漏、施工措施不当等多种因素影响，均有可能造成道路塌陷。主要存在问题及成因如下：

（1）暗挖隧道经过不良地质区域，引发土层沉降或坍塌。由于地质条件复杂，部分地区土质结构不稳定、土质松散、地下水位高，而施工方案或施工工艺存在缺陷，导致在进行暗挖隧道施工经过该地段时，引发土层沉降甚至坍塌。

（2）隧道施工与给水排水管道相互影响引发道路塌陷。一方面由于隧道施工扰动土层，引发不均匀沉降，造成给水排水管道破裂、渗漏，进而冲刷土壤，形成地下空洞，引发坍塌；另一方面由于在隧道经过的线路上，部分给水排水管道已经发生慢性渗漏引起土层软化，在隧道施工时，扰动土壤，从而加剧了管网的渗漏，导致形成较大地下空洞，进而引发坍塌。

（3）现场施工时未能及时发现并消除安全隐患。现场施工没能准确了解工作面附近地层状态及施工动态，使得在土层发生较小变形、管道发生较小沉降等情况时，未能采取相应技术措施，从而引发较大坍塌事故。

3.4.2　典型案例

2019 年 12 月 1 日，广州市天河区广州大道北与禺东西路交界处，地铁 11 号线地下横通道塌方，造成道路塌陷（图 3.4-1），路面交通中断，周边地下管线受损，路面出现大型塌陷坑，直径达 27m，面积约 570m²，1 辆环卫罐车与 1 辆电瓶车陷入塌陷坑，并受掩埋，造成 3 人死亡，直接经济损失 2004.7 万元。

2018 年 2 月 7 日，佛山市轨道交通 2 号线一期工程湖涌站至绿岛湖站盾构区间右线工地突发透水，引发隧道及路面坍塌（图 3.4-2）。调查组认定事故主要原因是盾尾密封承压性能下降、遭遇特殊地质环境等因素叠加，引发隧道透水坍塌，事故直接经济损失为 5323.8 万元。

图 3.4-1 沙河站地下横通道塌方引发道路塌陷

图 3.4-2 佛山"2·7"透水引发路面坍塌

3.5 岩溶（土洞）致塌

3.5.1 成因分析

在岩溶发育区，地下多发育有土洞或溶洞，地质条件脆弱，在自然状态下或受外界扰动时，易造成地下土洞、溶洞坍塌，进而造成路面变形、塌陷。岩溶塌陷机理主要有潜蚀论、真空吸蚀论、振动论、液化论、气爆论等。一般认为水动力条件为地面塌陷的外因，地下水位的变化是岩溶致塌的诱发因素，地质体结构为地面塌陷的内因，上部覆盖层及下部岩溶发育是岩溶致塌的必要条件。近年来，岩溶发育区发生的道路塌陷多为抽排地下水、勘察钻探施工、地下工程或基础工程施工、机械与运输车辆产生的振动荷载诱发岩溶（土洞）坍塌所致。

3.5.2 典型案例

广州金沙洲地区 2007 年以来曾先后发生 33 处（起）岩溶塌陷事件。据调查，受灾楼房位于金沙洲南部，总建筑面积约 21040m²，涉及居民楼 10 幢，居民人数 1002 人，受影响家庭 263 户。发生开裂变形的楼房楼高 6~9 层，楼龄 3（沙凤新村复建房）~13 年（源林花园）。多处地面下沉、塌陷（图 3.5-1）、上部建筑物（路面、房屋、道路等）变形开裂（图 3.5-2）。广州金沙洲地区地面塌陷灾害主要由武广客运专线抽排地下水所引发，这在我国城镇化建设，特别是城市地下空间开发中具有典型性和代表性。

图 3.5-1 广州金沙洲向南街小区地面沉陷

图 3.5-2 广州金沙洲源林花园 E2 幢顶楼裂缝

3.6 地下人防工程洞室失稳致塌

3.6.1 成因分析

我国地下人防工程既有开挖的老地道也有地下防空洞，由于这些地下工程年久失修，部分洞室出现掉块、坍塌、开裂、渗漏、积水等病害（图 3.6-1）。随着这些病害的不断发展或地下水条件的改变或周边荷载长期作用，会造成周边路面变形、塌陷，同时也会造成周边管道受损渗漏，进而造成塌陷。

图 3.6-1 青海西宁南大街地下人防工程塌陷图

3.6.2 典型案例

青海西宁 2020 年"1·13"道路塌陷（图 3.6-2）重大事故属于此类型。根据西宁"1·13"道路塌陷重大事故灾难调查报告，调查组认定，这是湿陷性黄土路基因多年渗水

图 3.6-2 青海西宁"1·13"道路塌陷

导致路基物质流失,逐步形成地下陷穴,年久失修的防空洞外壁空腔为水土流失提供通道,市政工程施工、车辆动载剪冲扰动下方土体,在经常性荷载反复作用下,使路基原设计能力失效,承载力下降,引发公交车压塌路面后坠落,砸断供水管道和市政电缆,大量自来水快速泄出,再次冲刷形成大面积塌陷和大量泥浆造成次生灾害,导致坠落人员伤亡的一起重大事故灾难。

第 4 章 地下病害体探查技术

4.1 概述

地下病害体指存在于地面以下的空洞、脱空、疏松体、富水体等威胁城市安全的不良地质体。道路塌陷分析认为，地面塌陷的发生、发展都由地下病害体直接或间接引发，同时病害体的发展会引起环境地球物理场的变化，如地基不密实、土质疏松、裂隙发育、洞穴或采空区的存在、管道漏水等都会导致电性、密度等物性变化，为物探测试方法提供了应用前提条件。物探测试方法虽然为间接手段，但具有快捷、经济的明显优势，可在城市地面塌陷的防治工作中发挥积极作用，具有良好的应用前景。

4.1.1 物探测试在城市地面塌陷防治中的作用与任务

1. 作用

物探测试方法是间接的勘查手段，其作用在于查条件、提供信息。而在城市地面塌陷防治中，开展地球物理探查与测试，就是查明地面塌陷诱发条件，为地面塌陷的防治工作提供依据。

2. 任务

物探测试是以目标体与周围介质的物性差异为前提，如电性、磁性、密度、波速、温度、放射性等，任务就是根据物性差异选择适当的方法与技术，对可能引起地面塌陷的条件进行探查测试，在塌陷后探查塌陷范围、形态，或在治理后探查测试反映治理效果的信息，一般都可以获得较好的应用效果。

4.1.2 物探方法应用的原则

1. 已知指导未知的原则

物探现场工作布置应遵循由已知到未知、由点到面、由简单到复杂的原则。开展物探应充分利用区内已有的各种地质资料和工程资料，合理地选取各种技术参数，建立地质—地球物理模型，指导面上物探数据的正确采集，从而保证指导数据处理、资料解释以及成果推断。因此，布置物探工作前应认真收集、分析和利用区内已有的各种相关资料。

2. 多信息综合的原则

产生塌陷的空洞、疏松土质、发育裂隙均与其周围介质之间不同程度地存在着多种物性差异。因此，采用多种物探方法获取多参数异常，可从多种角度、不同的物性差异产生的多信息数据来综合分析和研究塌陷诱因的赋存特征及塌陷形成条件，避免单一物探异常的多解性，有助于提高物探资料解释成果的可靠性和准确率。

3. 优化组合的原则

开展物探要在已知地段按照不同的物性差异条件和工作环境，选用不同的物探方法开展试验，对比分析试验结果，合理地选定有效的物探方法进行优化组合，即综合物探，这是保证探查效果、提高经济效益的重要途径。开展地面塌陷的物探测试工作，不但要考虑选择方法的能力与局限，还应正确认识城市的工作条件限制，包括场地的大小，地面条件，声、电干扰等。

4.1.3 常用的物探测试方法与应用

1. 常用物探测试方法

针对地面塌陷，经过广大物探技术人员的努力与实践，取得了大量应用资料和较好的探测效果。目前，按照塌陷防治的不同阶段，一批物探测试方法发挥了积极作用，显现了物探测试方法的技术优势和应用前景。

（1）探地雷达法：是采用脉冲电磁波来探测地下土层松散区域分布、空洞、岩溶、采空区、裂隙发育带的存在或者地下水富集区的方法，包括剖面法、宽角法、环形法、透射法、单孔法、多剖面法等，可以在塌陷隐患预报、塌陷范围和深度探查以及治理效果评价中发挥作用。在城市条件下，探地雷达法成为最具应用优势的物探方法之一，不仅可以快捷实施，而且可以做到无损探查，取得较高精度探查结果。

（2）电法：是以电磁场为场源的物探方法，包括电测深法、电剖面法、高密度电阻率法、自然电场法、充电法、激发极化法、可控源音频大地电磁测深法、瞬变电磁法等，它易受电磁干扰。

高密度电阻率法作为直流电法的代表，以人工稳定电流场为场源，对地下进行电阻率成像，可以对具有一定规模的地下岩溶、土洞、采空区、地下土层疏松区等可能诱发地面塌陷的目标体进行探查，但易受场地大小、杂散电流影响。与传统的电测深法、电剖面法相比，高密度电阻率法具有较好的分层和探测细小目标的能力，较为适合于浅部目标的探测，如空洞、富水体等地下病害体。

瞬变电磁法是利用不接地回线或接地线源向地下发射一次脉冲磁场，在一次脉冲磁场间歇期间利用线圈或接地电极观测地下介质中引起的二次感应涡流场，从而探测介质电阻率的一种方法。随着仪器的发展，它在城市中应用探查隐伏空洞、岩溶、管道漏水浸湿带的潜力开始显现，在地面塌陷诱发因素探查中可发挥其独到的作用。除电磁法在地面的应用外，还可在塌陷治理阶段进行效果评价，采用钻孔电磁波层析成像或钻孔雷达探查钻孔周围一定范围内或钻孔之间治理加固的情况。

（3）浅层地震法：是应用人工激发的地震波在岩（土）层中传播的规律来解决浅层地质问题的方法。在地质灾害勘查中，地震波的激发方式一般为敲击法或落锤法，当敲击或落锤能量弱时，在确认不引起或不诱发地质灾害时可考虑采用小药量爆炸法。用于地面塌陷的浅层地震方法包括反射波法、透射波法、瑞雷波法。其中反射波法有地震映像法、横波反射法、陆地声纳法，而瑞雷波法又分为稳态面波和瞬态面波。采用浅层地震方法可以查找一定规模的隐伏空洞、采空、岩溶，并对空洞治理前后的效果进行评价。

瞬态面波是通过锤击、落重及炸药震源，产生一定频率范围的瑞雷面波。再通过振幅谱分析和相位谱分析，把记录中不同频率的瑞雷面波分离开来，从而得到一条 VR-f 曲线或 VR-XR 曲线，通过定量解释，可以得到各地质层弹性波的传播速度，传播速度的大小，直接反映了地层的"软""硬"程度。因此，可以对第四系地层进行划分，确定地基的持力层、土石界面基岩面的起伏变化。瞬态面波勘察技术具有对地层的薄层分辨能力、定量分析评价能力和通过图像再现地下地层与构造的能力。它适合于空洞、疏松体等地下病害体检测。

微动勘探方法是以平稳随机过程理论为依据，从微动信号中提取面波（瑞雷波）频散曲线，通过对频散曲线的反演得到地下介质的横波速度结构，从而进行岩性分层及构造分析的地球物理勘探方法。

地震映像法是采用锤击激发震源形式，在离震源一定距离设置单道检波器接收地下反射波，并由地震仪记录显示，逐点进行激发接收，检波器与震源同时等距同向平移，来获取地下丰富的波场特征资料，对采集到的地震记录，经计算机在时间域和频率域上进行处理后，可推断地下地层结构信息。

（4）其他方法：①微重力法：微重力法是微伽级重力仪的出现后对重力勘查方法的称谓，以重力场的变化作为基础，主要用于隐伏洞穴的探查。②利用声学原理和管道内探查地下管道漏水或查视地下管道破损状况的方法。③温度测量法：主要用于地下隧道施工时的水体超前预报，避免引发地面塌陷。

2. 物探测试方法在城市地面塌陷防治中的应用

（1）地面塌陷预防：①地下隧道施工阶段，利用探地雷达法、瞬变电磁法或地震反射法、温度测量方法，预报不良地质体、地下水体等。②查找地下洞穴（岩溶），圈定地下采空区，预报可能引发地面塌陷的区域。③查找地下管道漏水点，或配合地下管道的破损点检视，防止因不能及时发现、及时处置而可能导致地面塌陷灾害。

（2）地面塌陷治理前：①探查：在分析目标地质体的地层物性特征规律基础上，选用合理的物探方法技术进行扫面探测，获得可能引起地面塌陷的物性异常，分析和推断异常目标体的赋存形态、规模、埋藏深度等特征。或者通过物探测试，圈定地面塌陷的波及范围和塌陷深度。②评估：与测区范围已有的钻孔资料、工程资料等紧密结合，对测区范围的地面塌陷危险性作出客观评估，为制定治理方案提供依据。

（3）地面塌陷治理后：①通过物探测试，获取加固或夯实后的相关数据信息，为治理效果评价提供依据。②监测：依据地面塌陷已发区的地层物性特征和发育规律，选用物探测试方法和高精度的探测仪器，对灾害目标体及其周边地区实施探测或长期监测，获取可靠的监测数据；分析塌陷发生的背景和条件，综合其他有关地质与工程资料，对塌陷的分布现状、变化、延续甚至扩大的可能性作出判断，为制定控制或防治的措施提供依据。

3. 探测方法适用性

前文介绍的地下病害体探查地球物理方法包括探地雷达法、高密度电阻率法、瑞雷面波法、微动勘探法、地震映像法和瞬变电磁法，根据不同方法类型，地下病害体本身的参数差异、规模及现场的实施条件是进行探测工作的前提。而前提为地球物理性质差异包括介电差异、电阻率差异、波阻抗差异等；要求地下病害体尺寸相对于其埋藏深度或探测距离应具有一定规模；不同的地球物理方法对探测的实施条件有不同的要求，例如探地雷达法要求避开强电磁干扰、地震方法避开强震干扰等。

每种探测方法都有自己的适用条件和适用范围（表 4.1-1），针对性地选择不同的物探方法进行探查，可以取得事半功倍的效果。一般而言，探地雷达法是主要的探查方法，适用于土体空洞、路面脱空、浅部岩溶、土体松散、富水体等的探查；高密度电阻率法主要探查岩溶、较大的土体空洞及明显的土体松散、富水体等，对于有塌陷的区域，可协助进行滑动面的探查；瞬态面波法用于探查土体空洞、土体松散，及探查覆盖层的厚、探测破碎带等，有助于病害体探测的资料处理解释；其他探测方法：如管道内窥探测（CCTV、QV及声纳探测等），在因管道引起的城市地下病害体，有辅助的探查效果。

探测方法的适用性　　　　　　　　　　　　　　表 4.1-1

地下病害体探测方法	脱空	空洞	疏松体	富水体
探地雷达法	●	●	●	●
高密度电阻率法		●	○	●
瞬态面波法	○	●	●	
微动勘探法		●	●	
地震映像法	○	●	○	
瞬变电磁法		●		●

注：●——推荐；○——可选。

4.2 探地雷达技术

探地雷达技术主要采用地面探地雷达由地面上的发射天线将高频短脉冲的电磁波定向送入地下，这种高频电磁波遇到存在电性差异的地下地层或目标体反射后返回地面，由接收天线接收。高频电磁波在传播时，其路径、电磁场强度与波形将随所通过介质的电性及几何形态而变化，故通过对时域波形的采集、处理与分析，可确定地下界面或地质体的空间位置及结构。可应用于探测脱空和3～7m的空洞、疏松体、富水体。

应用探地雷达法探测地下病害体时宜满足下列规定：

(1) 地下病害体应具有一定的规模，与周边介质之间应存在介电性质差异；

(2) 测区内的地形宜相对平坦。

4.2.1 技术特点

探地雷达技术作为地球物理勘探中一种新兴的无损检测方法，具有以下特点：

1. 高分辨率

高分辨率是探地雷达技术最突出的优点。由于探地雷达进行探测时，发射的是高频脉冲电磁波，且电磁脉冲子波宽度窄，因此具有非常高的分辨率。同时，不论是在横向还是纵向上，探地雷达都能高效地发射和接收电磁波，还能根据探测深度选择不同中心频率的天线，因此探地雷达具有高分辨率的特点。

2. 高效率

与其他设备装置复杂的传统地球物理勘探方法相比，从硬件上，探地雷达仪器轻巧便携，从原理上，其采用高频发射器，能有效缩短采样和信号接收时间，并且可连续测量，从数据采集到处理成像一体化，因此利用探地雷达进行探测具有高效率性。另外，探地雷达操作简单，探测速度快，且探测时天线无需与地下接触，高效的探测极大地节省了人力物力。

3. 无损探测

在利用探地雷达进行探测时，无需开挖，对检测目标没有损伤。经过发射天线发出的电磁波，能够通过空气耦合进入到地下介质，电磁波在地下介质中传播时，若遇到阻抗变化，便会发生反射和折射，接收天线接收反射回来的电磁波并将其转换为数字信号，从而完成对异常体的探测。

4. 结果直观

探地雷达通过剖面法对目标体进行探测，图像随着探测的进行实时显示，探测结果可直观地反映目标体内介质的变化情况，即使不对探测结果进行复杂的数据处理，一般的探测人员也能对雷达图像数据进行解释。

4.2.2 技术原理

1. 地质雷达技术原理

地质雷达是一种宽频带高频电磁波信号探测介质分布的无损探测仪器。它通过天线发射和接收电磁波反射信号，在测线上不断移动天线来获得相关的剖面图像。地质雷达天线的发射端向地下发射高频电磁波，电磁波信号在地下传播时遇到不同介质的界面时就会发生反射，反射的电磁波被与发射端同步移动的天线接收端接收后，通过雷达主机精确记录反射回的电磁波的波形特征，再通过相关的技术处理，得到雷达剖面图，通过对剖面图波形特征的分析，判断测线位置下是否存在空洞或异常。

介质的介电常数差异越大，反射的电磁波能量也越大。由于空洞内填充的介质与周边的介质存在明显的电性质差异，电磁波会在空洞的界面处发生反射，反射的电磁波由地面的接收天线接收，根据电磁波发射与反射波返回的时间差和介质中电磁波的传播速度来确定空洞距测量表面的距离，达到检出地下空洞位置的目的。

2. 设备技术要求

（1）探地雷达仪器主要指标性能应符合下列规定：

1）系统增益不应小于150dB；

2）信噪比不应小于110dB，动态范围不应小于120dB；

3）分辨率不应小于5ps；

4）计时误差不应大于1.0ns；

5）宜具备多通道采集功能。

（2）探地雷达天线主频选择应考虑探测深度和精度的要求，并符合下列规定：

1）宜选择频率为80～400MHz的屏蔽天线，当多种频率的天线均能满足探测深度要求时，宜选择频率相对较高的天线；

2）当电磁干扰不明显且探测深度较大时，可选择非屏蔽的低频天线；

3）重点区域及普查中确定的重点异常区宜选用多种频率天线进行探测。

（3）探地雷达法的垂向分辨率宜取探地雷达电磁波波长的1/4，电磁波在地下介质中传播的波长 λ 宜按下式计算：

$$\lambda = 1000 \frac{C}{f\sqrt{\varepsilon_r}} \tag{4.2-1}$$

式中　C——电磁波在空气中的传播速度（m/ns），可取 0.3m/ns；
　　　f——天线主频（MHz）；
　　　ε_r——地下介质的相对介电常数。

（4）探地雷达法的横向分辨率 x' 宜按下式计算：

$$x' = \sqrt{\frac{\lambda h}{2} + \frac{\lambda^2}{16}} \tag{4.2-2}$$

式中　λ——电磁波波长（m）；
　　　h——目标体埋深（m）。

（5）探地雷达法测线的布设应符合下列规定：
1）在城市道路上进行探测时，测线宜沿车道行进方向布设；
2）在城市广场等非道路区域进行探测时，测线宜沿场区长边方向布设；
3）在隧道、管道内部进行探测时，测线宜沿隧道、管道轴向布设；
4）普查时测线间距宜取 2.0～4.0m，详查时测线间距宜取 1.0～2.0m。

（6）正式探测前应根据探测深度和精度要求，通过有效性试验确定合适的天线主频、采集方式和采集参数。

（7）探地雷达法采集参数的设置宜符合下列规定：
1）记录时窗宜根据最大探测深度和地下介质的电磁波传播速度综合确定，可按下式计算：

$$T = K \frac{2d_{\max}}{v} \tag{4.2-3}$$

式中　T——记录时窗（ns）；
　　　K——加权系数，宜取 1.3～1.5；
　　　$d_{\max}$——最大探测深度（m）；
　　　v——地下介质的等效电磁波速度（m/ns）。

2）信号的增益宜保持信号幅值不超出信号监视窗口的 3/4；
3）采样率不应低于所采用天线主频的 20 倍；
4）宜采用叠加采集的方式提高信号的信噪比；
5）普查时道间距不宜大于 5.0cm，详查时道间距不宜大于 2.5cm。

（8）探地雷达法现场数据采集应符合下列规定：
1）当采用测量轮测距时，采集前应对其进行标定；
2）在数据采集过程中可根据干扰情况、图像效果调整采集参数；
3）天线的移动速度应均匀，并与仪器的扫描率相匹配；
4）测量轮触发连续采集时，天线移动速度应保证采集数据不出现丢道现象；自由连续采集时，天线移动速度应保证足够的水平分辨率；
5）点测时，应在天线静止时采样；使用分离天线点测时，应采用合理的天线间距；
6）自由连续采集时，应进行等间距标记，间距不宜大于 10m；
7）应及时记录信号异常，并分析异常原因，必要时进行复测；
8）应及时记录各类干扰源及地面积水、变形等环境情况；
9）发现疑似地下病害体异常时，应做好标记，并进行复核；
10）探测区域局部不满足探测条件时，应记录其位置和范围，待具备探测条件后补充探测；

11）采用差分 GPS 进行测线轨迹定位时，应合理设置基准站，并进行定点测量验证。

4.2.3 探测方法

利用探地雷达技术进行探测时，需要根据实际工程所处环境的地质特征来制定准确性最高、效率最好的探测方法，同时确定相应的测量参数，以保证探测数据的有效性。目前常用的探地雷达探测方法主要有以下几种。

1. 剖面法

使用剖面法进行探测时，探地雷达的发射天线（T）与接收天线（R）将以某一固定的间距，同时沿着测线进行移动，若收发天线间的间距为零时为单天线式，否则为双天线式，其示意图如图 4.2-1 所示。发射天线与接收天线每走过一道测线，就能得到一个二维的探地雷达剖面图。该探测方式操作相对简单快捷，适用于进行连续、快速、大范围的探测。

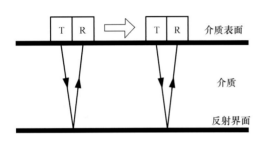

图 4.2-1 剖面法探测示意图

2. 共中心点法

使用共中心点法进行探测时，雷达系统为收发分离式天线。不改变发射天线与接收天线的中心点所处位置，收发天线沿着测线分别向两边等距移动，图 4.2-2 所示。同时将不同天线距、不同探测位置所得的一系列雷达数据进行记录。该方法有助于提高对反射界面的识别，也能改善由于信噪比过低而导致目标体识别不清楚的情况。

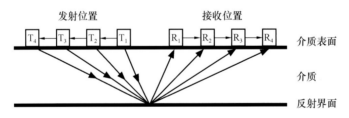

图 4.2-2 共中心法探测示意图

3. 宽角法

宽角法也是采用收发分离式天线，不同之处是其中一个天线的位置固定不动，而另一个天线沿着测线方向移动，同时记录下不同天线距时的雷达扫描数据。宽角法分为共发射点法和共接收点法，如图 4.2-3 和图 4.2-4 所示。该方法一般用于电磁波在地下不同介质中传播时的反演问题上。

4. 天线阵列法

天线阵列法也叫多天线法，即使用多个频率相同或不同的天线同时测量，每个通道上的时窗、增益等参数可以单独设置也可以采用系统统一设置。其主要工作方式有两种：一种是采用顺序的工作方式，所有天线相继工作完成多次单独扫描；另一种是所有天线同步工作，利用延时偏移推迟各道的发射与接收时间，得到叠加的雷达记录。

第4章 地下病害体探查技术

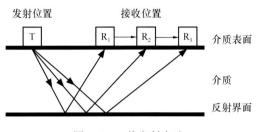

图 4.2-3 共发射点法　　　　　图 4.2-4 共接收点法

根据探地雷达图像的波组形态、振幅、相位和频谱结构等变化，可按表 4.2-1 的规定识别地下病害体类型。

地下病害体的探地雷达特征　　　　表 4.2-1

地下病害体	波组形态	振幅	相位与频谱
脱空	顶部形成连续的同向性反射波组，多表现为平板状形态； 多次波发育明显	整体振幅强	顶部反射波与入射波同向，底部反射波与入射波反向； 频率高于背景场
空洞	近似球形空洞反射波组多表现为倒悬双曲线形态； 近似方形空洞反射波多表现为正向连续平板状形态，绕射波发育明显； 多次波发育明显	整体振幅强	顶部反射波与入射波同向，底部反射波与入射波反向； 频率高于背景场
疏松体	顶部形成连续的同向性反射波组多次波较发育； 绕射波较发育～不发育； 内部波形结构杂乱，随疏松程度加大，不规则性增强	整体振幅较强	顶部反射波与入射波同向，底部反射波与入射波反向； 频率高于背景场
富水体	顶部形成连续的同向性反射波组； 多次波不发育； 绕射波不明显； 底部反射波不明显	顶部反射波振幅强衰减快	顶部反射波与入射波反向，底部反射波与入射波同向； 频率低于背景场

4.2.4 探测成果

探地雷达成果图件宜包括探地雷达测线平面布置图、地下病害体平面分布图、地下病害体雷达剖面图。

探地雷达法的成果解释可按图 4.2-5 的规定进行，并应符合下列规定：
（1）解释成果应采用专业语言描述，用于成果解释的雷达图像应清晰、信噪比高；
（2）宜根据信号的同相轴变化及振幅、相位和频率等属性特征提取异常；
（3）应结合现场记录和调查资料，排除干扰异常；
（4）宜结合地面变形、管线破损和历史塌陷等调查资料及测区地质资料进行地下病害体解释；

（5）宜结合相邻测线对比分析确定地下病害体的位置、范围和规模；

（6）雷达剖面图像上应标明地下病害体的位置。

4.3 高密度电阻率技术

高密度电阻率法是一种阵列勘探方法，它以岩、土导电性的差异为基础，研究人工施加稳定电流场的作用下地中传导电流分布规律。野外测量时只需将全部电极（几十至上百根）置于观测剖面的各测点上，然后利用程控电极转换装置和微机工程电测仪便可实现数据的快速和自动采集，当将测量结果送入微机后，还可对数据进行处理并给出关于地电断面分布的各种图示结果。高密度电阻率法实际上是集中了电剖面法和电测深法。其原理与普通电阻率法相同，所不同的是在观测中设置了高密度的观测点。高密度电阻率法可用于探测深度 3m 以下的地下空洞、疏松体和富水体。

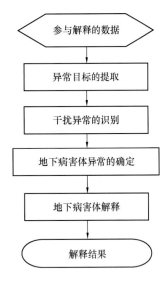

图 4.2-5 探地雷达探测地下病害体解释流程

应用高密度电阻率法探测地下病害体时应符合下列规定：

（1）地下病害体应具有一定的规模，且与周围介质之间存在较明显的电阻率差异；

（2）测区内接地条件应良好或应能通过采取措施加以改善；

（3）测区内没有极高的电阻屏蔽层；

（4）测区内地下没有高压电缆等强干扰存在。

4.3.1 技术特点

高密度电阻率法在进行地下病害体探查时对比传统常规电阻率法具有以下特点：

（1）电极一次性布设进行测量，中间不再更换，这样可以防止因电极更换而引起的干扰和发生的故障，这给野外数据的测量奠定了基础；

（2）能测量多种电极排列的数据，以获得足够的地下地质信息；

（3）可以实现数据的自动采集，可以避免人工引起的错误和误差；

（4）能够实时处理资料，可生成多种图件，方便分析；

（5）和传统电探方法相比成本低、效率高，信息量丰富，解释能力得到显著提高。

4.3.2 技术原理

1. 高密度电阻技术原理

高密度电阻技术系统包含了数据采集系统和数据处理系统两部分，在观测中设置了较高密度的测点，在野外测量时将全部电极（几十至上百根）置于观测点上，利用程序自动控制供电电极和接收电极的变化实现电极转换和测量。当计算机录入探测数据后，首先对数据进行预处理，然后得到在不同误差、拟合值等参数下的视电阻率拟地电断面。根据实测的视电阻率剖面进行计算分析，获得地层中不同位置、不同极距下的电阻率分布情况。

高密度电阻率法和常规电阻率法一样,它通过 A、B 电极向地下供电,电流为 I,然后在 M、N 极间测量电位差 ΔU,从而求得该记录点的视电阻率 $\rho_s = K\dfrac{\Delta U}{I}$。根据实测的视电阻率剖面,进行计算、处理与分析,便可获得地层中的电阻率分布状况,从而可以进行地层划分、岩溶圈定、构造解释等。高密度电阻率技术工作示意图如图 4.3-1 所示,其中 A、B 为供电电极,M、N 为测量电极。

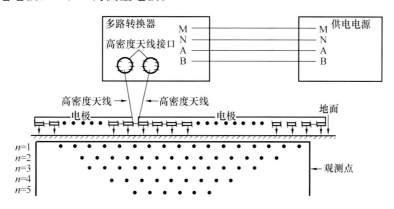

图 4.3-1　高密度电阻率技术工作示意图

2. 设备技术要求

(1) 高密度电阻率法仪器宜具有即时显示电剖面功能,应具有对电缆、电极接地、系统状态和参数设置的监测功能,其主要技术指标应符合下列规定:

1) 输入阻抗不应小于 50MΩ;
2) AB、MN 插头和外壳之间的绝缘电阻不应小于 100MΩ/500V;
3) 极化补偿范围应满足 ±500mV;
4) 电位差测量允许误差不应大于 ±1.0%,分辨率应优于 0.1mV;
5) 电流测量允许误差不应大于 ±1.0%,分辨率应优于 0.1mA;
6) 对 50Hz 工频干扰抑制不应小于 80dB。

(2) 高密度电阻率法宜使用不锈钢电极或铜电极,使用的多芯电缆芯线电阻应小于 10Ω/km,芯间绝缘电阻应大于 5MΩ/km。

(3) 高密度电阻率法的测线布置应符合下列规定:

1) 在城市道路上探测时,宜沿道路延伸方向布设测线,在非道路区域探测时,宜沿场地长边方向布设测线;
2) 测线上反映目标体的测点不应少于 3 个;
3) 同一排列的电极应呈直线布置,电极接地位置在沿排列方向上的偏差不宜大于极距的 1/10;在垂直排列方向上的偏差不宜大于极距的 1/5。

(4) 正式探测前应进行有效性试验,确定观测装置、排列长度及电极距。

(5) 高密度电阻率法的数据采集应符合下列规定:

1) 复杂条件下,应分别采用不少于两种观测装置进行探测;
2) 对于每个排列的观测,坏点总数不应超过测量总点数的 1%,对意外中断后的续测,应有不少于 2 个深度层的重测值;

3) 对于偶极、井间和三维观测装置，应观测电压和电流值，计算视电阻率值；远电极极距 OB 不应小于 5 倍供电极距 OA；

4) 实施滚动观测时，每个排列的伪剖面底边的数据应衔接。

（6）宜按表 4.3-1 的规定记录现场工作，并注明特殊环境因素的类型和位置。

（7）高密度电阻率法的质量检查及评价应符合下列规定：

1) 可选择两层或两列进行重复观测，也可固定供电测量方式，采用相邻排列重合部分电极进行散点观测检查；

2) 外业质量检查点应随机抽取、分布均衡，异常点或有疑问点应重点检查；检查量不应少于总工作量的 5%，且不应少于 1 个排列；

3) 当可以确定由于地表及浅层含水量变化使得视电阻率数据的系统观测出现规律性偏差时或因地电干扰使得视电阻率的原数据或系统观测数据出现奇异点时，应剔除奇异点后再进行质量评价，剔除点数不得超过 1%；

4) 质量检查统计的均方相对误差不得超过 5%；

5) 当外业数据质量不满足要求时应增加检查量，当检查量达到工作总量的 20%，质量仍不满足要求时，应重新探测。

（8）高密度电阻率法数据处理应使用质量合格的数据，并应符合下列规定：

1) 当地形坡度大于 15°时，应进行地形校正；

2) 数据预处理时，可进行数据平滑和滤波，对于个别无规律的数据突变点，可结合相邻测点数值进行修正。

（9）高密度电阻率法资料解释应在分析各项物性资料的基础上，利用各种已知资料，按照从已知到未知、先易后难、点面结合、定性指导定量的原则进行，还应符合下列规定：

1) 应对单个探测剖面进行分析，确定出剖面中的电性结构及其异常区；分析时应充分利用地形、地质条件、干扰体位置等已知信息，剔除各种干扰因素引起的异常；

2) 应对不同的探测剖面进行对比分析，研究异常特征、性质，找出这些剖面中电性特征类似的异常区域；

3) 应在分析异常电性特征的基础上，结合其他有关资料，解释地下病害体属性。

高密度电阻率法野外探测记录单　　　　　　　　　　表 4.3-1

工程名称：_____　工程地点：_____　天气：_____
测线编号：_____　工作方法：_____　仪器型号/编号：_____

文件号	测线位置	电极数	电极距(m)	隔离系数	备注/异常情况
现场草图					
说明					

测试：　　　　　记录：　　　　　日期：　　　　　　　　　　　第　页/共　页

4.3.3 探测方法

高密度电阻率法在工作的时候排列装置很多，常用的有温纳装置（α排列）、偶极装置（β排列）、微分装置（γ排列）等。三电位电极系是将温纳装置、偶极及微分装置按照一定的方式组成的复合测量方式；通过电极转换装置将每相邻的4个电极进行不同的组合，这样就能得到三种电极排列，经过组合的电极排列方式依次称为α排列，β排列，γ排列。

1. α排列

这种装置的电极排列顺序为 A、M、N、B（其中 A、B 为供电电极，M、N 为测量电极），这种装置的特点是 $AM=MN=NB=na$（a 为电极距，n 为隔离系数），数据采集是在 MN 的中间位置，这种排列方式称为对称四极装置，当 $AM=MN=NB=na$ 时，这种排列方式被称为温纳装置，ρ_s^α 表达式为：

$$\rho_s^\alpha = K_\alpha \frac{\Delta U_{MN}}{I} \tag{4.3-1}$$

K_α 是装置系数，$K_\alpha = 2\pi a$。

测量的时候，$AM=MN=NB=a$，供电和测量电极逐点同时向右移动，得到第一条测量剖面，然后使 $AM=MN=NB=2a$，再次按上述方式移动，得到第二条测量剖面，之后按照同样的方式直至整条测线全部结束，最终可以得到倒梯形的断面图。

2. β排列

这种排列方式的特点是供电电极和测量电极均采用偶极，并分开一定的间隔，由于供电电极和接收电极都是在同一条线上，所以又称为偶向偶极，ρ_s^β 的表达式为：

$$\rho_s^\beta = K_\beta \frac{\Delta U_{MN}}{I} \tag{4.3-2}$$

K_β 是装置系数，$K_\beta = 6\pi a$。

测量时，$AB=BM=MN=a$，A、B、M、N 四个点一起往右移动，可以得到第一条测线，之后增大一个电极距，接着同步移动四个点得到第二条剖面，如此下去会得到一条倒梯形的断面。

3. γ排列

这种装置的电极排列方式为 A、M、B、N，视电阻率的表达式为：

$$\rho_s^\gamma = K_\gamma \frac{\Delta U_{MN}}{I} \tag{4.3-3}$$

K_γ 是装置系数，$K_\gamma = 3\pi a$。

测量时，$AM=MB=BN=a$ 为第一个电极距，四个点一起往右移动，可以得到第一条剖面，之后增大一个电极距，继续同时移动四个点得到第二条剖面，依次测量就可以得到一个倒梯形的断面。

上述三种装置之间存在着一定的关系，当供电电流一定，极距为 a 时，三种装置之间的关系为：

$$\rho_s^\alpha = \frac{1}{3}\rho_s^\beta + \frac{2}{3}\rho_s^\gamma \tag{4.3-4}$$

由公式可见，当已知两种排列的视电阻率时，可以通过计算得出第三种排列的视电阻率。

城市地下病害体应根据高密度电阻率法剖面电性特征进行识别，可按表4.3-2识别地下病害体。

地下病害体的高密度电阻率法剖面电性特征　　　　表4.3-2

地下病害体	剖面电性特征
空洞	空洞有水充填时，在电阻率剖面上表现为相对低电阻率异常； 空洞无水充填情况下，在电阻率剖面上表现为相对高电阻率异常
疏松体	疏松体有水充填情况下，其电阻率特征表现为相对低电阻率异常； 疏松体无水充填情况下，其电阻率特征表现为相对高电阻率异常
富水体	富水体的电阻率特征表现应为相对低电阻率异常

4.3.4　探测成果

高密度电阻率法成果图表应符合下列规定：

（1）图件宜包括高密度电阻率法测线平面布置图、高密度电阻率法剖面图（图4.3-2）、地下病害体平面分布图；

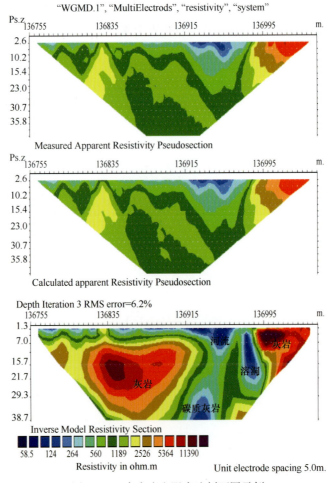

图4.3-2　高密度电阻率法剖面图示例

(2) 进行多剖面工作时，各剖面图应采用相同的比例尺；
(3) 绘制电阻率剖面图应合理设置色标，同一场地应统一色标设置。

4.4 瞬态面波技术

瞬态面波法是通过锤击、落重乃至炸药震源，产生一定频率范围的瑞雷波，再通过振幅谱分析和相位谱分析，把记录中不同频率的瑞雷波分离出来，从而得到一条 V_R-f 曲线或 V_R-λ_R 曲线。

瞬态面波法可用于探测深度 3m 以内的空洞和疏松体。

应用瞬态面波法探测地下病害体时宜符合下列规定：
(1) 地下病害体与其周边介质之间应存在速度或波阻抗差异；
(2) 地表宜平坦，无临空面、陡立面，相邻检波器之间的高差应小于 1/2 道间距；
(3) 不宜将整条排列布置在混凝土、方砖等大面积刚性物体表面。

4.4.1 技术特点

瞬态面波勘察技术具有设备携带方便、操作简单等特点，对于地形条件适应性强，尤其是对于介质弹性性质差异大，地下基岩面起伏平缓的平原地区勘察效果更好。

4.4.2 技术原理

1. 技术原理

图 4.4-1 所示为瞬态激振法的野外测试示意图。当瞬态面波法采用锤击或吊锤作为震源，锤击时地表产生一瞬时激振力，产生一个宽频带的瑞雷面波，这些不同频率的瑞雷面波相互叠加，以脉冲信号的形式向外传播。当两低频检波器接收到脉冲形振动信号后，经数据采集，频谱分析后，把各个频率的瑞雷面波分离出来，求出两检波器间的时差 Δt 或相位差 $\Delta \phi$，由 $V_R = \Delta X / \Delta t_i$ 或 $V_R = 2\pi f \Delta X / \Delta \phi$ 求得 V_{Ri} 值，进而绘制 V_R-f 曲线或 V_R-λ_R 曲线。

2. 设备技术要求

瞬态面波法的震源宜采用机械落重式、人工锤击式或者电磁式震源。

(1) 瞬态面波法仪器设备应符合下列规定：
1) 仪器放大器的通道数不应少于 12 道；
2) 仪器放大器的通频带应满足 0.5～4000Hz；
3) 放大器各通道的幅度和相位应一致，各频率点的幅度差应小于 5%，相位差不应大于所用采样间隔的一半；
4) 仪器动态范围不应低于 120dB；
5) 应具备剖面（滚动）采集功能。

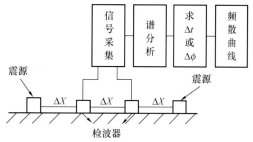

图 4.4-1 瞬态激振法的野外测试示意图

（2）瞬态面波法的检波器选择应符合下列规定：

1）应采用垂向的速度型检波器；

2）宜选用自然频率 4～20Hz 的检波器，自然频率可参考下式计算：

$$f_0 = \beta \frac{V_{Rmin}}{H} \qquad (4.4\text{-}1)$$

式中　f_0——检波器的自然频率（Hz）；

　　　H——需探测的最大深度（m）；

　　　V_{Rmin}——探测深度范围内预计平均面波相速度最小值（m/s）；

　　　β——波长深度转换系数。

3）同一排列检波器之间的自然频率差不应大于 0.1Hz，灵敏度和阻尼系数差不应大于 10%。

（3）瞬态面波法数据采集前应进行有效性试验，宜包括下列内容：

1）仪器通道一致性和检波器一致性试验；

2）采集参数试验，确定偏移距、道间距、采样间隔、记录长度等采集参数；

3）激振方式试验，确定满足勘探深度和分辨率的震源的频带宽度和激振方式。

（4）瞬态面波法测线布设应符合下列规定：

1）测点间距应小于最小目标病害体地面投影等效直径的 1/3；

2）应根据场地地形条件，考虑规避干扰波的需要，确定测线位置和检波器排列方式；

3）宜采用滚动排列的方式追踪病害体的分布；

4）排列的道间距应小于最小勘探深度所需波长的 1/2；

5）宜通过已知钻孔和目标区域。

（5）瞬态面波法数据采集时应符合下列规定：

1）检波器应垂直插入地面，与地表耦合良好；不具备条件时，可采用吸力铁靴的方式；

2）仪器应设置在全通状态，各通道增益应一致；

3）采样点不少于 1024 点，采样间隔的选取要兼顾分辨率与勘探深度的需要；

4）记录的近震源道不应出现削波，不应出现相邻坏道，非相邻坏道不应超过 3 道。

（6）宜按表 4.4-1 的规定做好现场记录工作。

（7）瞬态面波法数据处理和成果解释应符合下列规定：

1）可选用频率—波数方法（F-K）、高分辨率频率—波数方法（HRFK）或空间自相关方法（SPAC）等方法提取面波的频散曲线，或通过计算绘制相速度—深度曲线，深度转换时应根据地层的泊松比，按半波长法进行计算；

2）应结合已知的钻探和其他物探等资料对曲线的曲率变化做出正确解释；

3）宜根据面波相速度频散曲线，计算视 S 波速度，绘制视 S 波速度剖面，或直接采用面波相速度绘制相速度剖面，进行地下病害体解释。

第4章 地下病害体探查技术

瞬态面波法野外测试记录单   表 4.4-1

工程名称：			工程地点：		
设备型号/编号：		道间距（m）：	偏移距（m）：	接收道数：	

测线号	文件号	测试方向	测线位置	炮点位置/距离(m)	备注

测试：   记录：   日期：   第 页/共 页

4.4.3 探测方法

瞬态面波法现场工作布置时，为了使两个相邻检波器接收的信号有足够的相位差，ΔX 应满足下式：

$$\frac{\lambda_R}{3} < \Delta X < \lambda_R \tag{4.4-2}$$

则相邻检波器信号的相位差 $\Delta\phi$ 满足：

$$\frac{2\pi}{3} < \Delta\phi < 2\pi \tag{4.4-3}$$

因此，n 增大，ΔX 也应相应增大，勘探深度也随之增大，瞬态面波法现场工作布置如图 4.4-2。其中 M 为测试点，L 为偏移距。

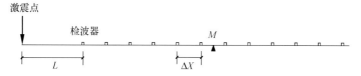

图 4.4-2 瞬态面波法工作布置示意图

瞬态面波法可参考表 4.4-2 对地下病害体进行识别。

瞬态面波法地下病害体特征表   表 4.4-2

地下病害体	面波速度	视 S 波速度剖面特征	时间域记录	频率域记录
空洞	与周边正常地层对比，速度变化明显，频散曲线变化剧烈	与周边正常地层剖面对比，出现明显的低速圈闭	边界波组杂乱，局部存在镜像波	频散曲线变化剧烈，存在明显"之"字形拐点
疏松体	与周边正常地层对比，速度降低变化明显，频散曲线反应为低速带	与周边正常地层剖面对比，表现为低速区，但速度变化有限	波组杂乱，分布不规则	F-K 域能量团较分散，频散曲线存在"之"字形拐点，不易提取完整的频散曲线

4.4.4 探测成果

瞬态面波法探测成果图件宜包括探测点频散曲线图、面波相速度或视S波速度剖面图及病害体解释成果图。

在存在空洞或软土层等的情况下，高阶面波能量增强，但又不能完全与基阶面波分离，从而频散曲线为高、基阶面波混合的形态。频散曲线上呈现出多次重复、曲线回折、深部无面波信号等现象。如图4.4-3可见测点未进入空洞上方范围时，频散曲线形态相当于水平地层情况，测点进入空洞上方范围后，频散曲线形态有明显异常。

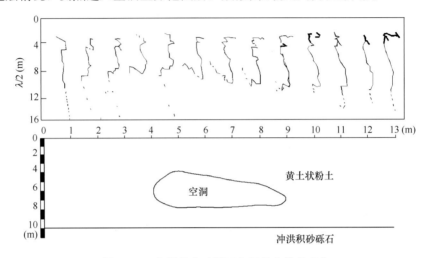

图4.4-3 空洞存在时剖面上频散曲线的变化

4.5 微动勘探技术

微动勘探方法是以平稳随机过程理论为依据，从微动信号中提取面波（瑞雷波）频散曲线，通过对频散曲线的反演得到地下介质的横波速度结构，从而进行岩性分层及构造分析的地球物理勘探方法。微动是地球表面何时何地都存在的微弱震动，没有特定震源，其振幅和形态随时空变化而变化，在一定时空范围内又具有统计稳定性，可用时间和空间上的稳定随机过程来描述。微动的信号来源主要有两种，分别为频率高于1Hz的人类活动和频率低于1Hz的自然活动。微动信号中包含了信号源、传播路径及地下结构的信息，面波是其主要能量组成部分，占总能量的70%以上。微动勘探法可用于探测深度3m以内的空洞和疏松体。

应用微动勘探法探测地下病害体时应符合下列规定：
（1）探测目标与其周边介质之间应存在波阻抗差异；
（2）探测目标的尺寸与其埋藏深度之比应大于0.1；
（3）地面应相对平坦。

4.5.1 技术特点

不同于传统的瞬变电磁、地质雷达、电阻率法等物探技术受制于场地环境条件，微动探测技术不受场地噪声、电磁干扰及高低速夹层（例如第四系松散沉积层）、低阻高导层（例如沿海地区海水浸入层）屏蔽作用的影响；尤其适合城市闹市区的复杂场地和电磁环境，是一种环保、抗干扰能力强、探测深度大、适用范围广的新型物探技术。

4.5.2 技术原理

1. 微动勘探技术原理

地球表面时刻存在着微弱随机振动，这些随机震源分为人为震源和自然震源，会引起微动信号的产生。微动是一种由体波（P波和S波）与面波（瑞雷波和勒夫波）组成的复杂振动，其中面波的能量占信号总能量的70%以上。微动中面波信息与地表介质密切相关。微动信号的振幅和形态随时空变化而发生改变，在一定范围内具有统计稳定性。可用时间和空间上的平稳随机过程描述，微动勘探技术就是利用微动信号中携带的地表介质密切相关的面波信息来进行地质勘探。

从微动数据中提取频散曲线的方法主要有空间自相关法和频率波数法。其中空间自相关法一般适用于圆形台阵（位于圆心的接收点为中心点，其余接收点等角度分布于圆周上）观测，而频率波数法适用于任意形状的台阵。

（1）空间自相关法提取相速度频散曲线

首先，假定微动信号在时空上符合平稳随机过程；其次，假定微动信号所包含的各种成分的波中面波基阶模态占优势。其基本原理为：某一时段平稳随机的微动信号 $X[t,\varepsilon(x,y)]$ 是时间 t 和位移矢量 $\varepsilon(x,y)$ 的函数。它的频谱表现形式为：

$$X[t,\varepsilon(x,y)] = \iiint \exp(i\omega t + ik\varepsilon) \mathrm{d}Z'(\omega,K) \tag{4.5-1}$$

式中　ω——角频率，$\omega = 2\pi f$；

　　　K——波速矢量，$K=(K_x,K_y)$；

　　　Z'——正交随机过程。

空间自相关法观测系统台阵一般为圆形或嵌套圆形，圆形台阵上的某点、中心点两组信号的标准化自相关函数方位平均值可以表示为：

$$\rho(f,r) = \frac{1}{2\pi}\int_0^{2\pi}\frac{S(f,r,\theta)}{\sqrt{S_0(f,\theta)S_r(f,\theta)}}\mathrm{d}\theta = \frac{1}{2\pi}\int_0^{2\pi}\exp\left[\frac{2\pi f r}{c(f)}\right]\cos(\theta-\varphi)\mathrm{d}\theta = J_0(x_0)$$

$$\tag{4.5-2}$$

式中　$S(f,r,\theta)$——圆心处观测点与圆周上观测点信号的互相关谱；

$S_0(f,\theta)$ 和 $S_r(f,\theta)$——分别为圆心处和圆周上观测点信号的自相关谱；

　　　J_0——第Ⅰ类零阶贝塞尔函数；

　　　x_0——零阶贝塞尔函数的宗量，$x_0 = \frac{2\pi f r}{c(f)}$；

　　　θ——波的入射角度；

　　　φ——相位角；

　　　$c(f)$——波的相速度；

　　　$\rho(f,r)$——空间自相关系数。

对微动数据进行处理时，首先将实测信号分成若干个数据段，剔除干扰明显的数据段，将各数据段通过中心频率不同的窄带滤波器，分别提取各个频率成分。而后，再对各个频率成分分别计算中心测点与圆周上各测点之间的空间自相关系数 $\rho(f,r)$ 并进行方向平均。由 $\rho(f,r)=J_0(x_0)$ 求出零阶贝塞尔函数的宗量 x_0，再由 $x_0=\dfrac{2\pi fr}{c(f)}$ 求出相速度 $c(f)$，最后拟合出相速度频散曲线。

(2) 频率波数法提取相速度频散曲线

频率波数法首先要求出不同频率的功率谱，其计算方法有多种，以最大似然法最为常用，功率谱可以表示如下：

$$P(k_x,k_y,\omega)=\left\{\sum_{i=1}^{N}\sum_{j=1}^{N}\varphi_{ij}(\omega)\exp[ik_x(x_i-x_j)+ik_y(y_i-y_j)]\right\} \qquad (4.5\text{-}3)$$

式中　　ω——角频率，$\omega=2\pi f$；

(x_i,y_i)——观测点 i 的坐标；

k——波速矢量，$k=(k_x,k_y)$；

$\varphi_{ij}(\omega)$——各观测点之间的信号的相关性所组成的矩阵的逆矩阵的元素。

微动由体波和面波组成，如果某一信号占相对优势，则它在功率谱上会与一个最大值对应，假设该最大值的波速为 $k_0=(k_{x0},k_{y0})$，则与之对应的传播速度为：

$$C=\tan^{-1}\left(\dfrac{k_{x0}}{k_{y0}}\right) \qquad (4.5\text{-}4)$$

这样求出不同的相速度 C 就可以得到一条实测的相速度频散曲线。

2. 设备技术要求

(1) 微动勘探法记录系统应符合下列规定：

1) 宜选用多通道数字地震仪或多台一体化数字地震仪；

2) 采集时间长度可控；

3) A/D 转换位数不应小于 24 位；

4) 动态范围应大于 120dB；

5) 系统噪声不应大于 $1\mu N$。

(2) 微动勘探法使用的拾振器应符合下列规定：

1) 台阵各道拾振器应符合幅值和相位一致性要求；

2) 应采用三分量速度传感器，固有频率不宜大于 2Hz。

(3) 开展工作前，应进行台阵拾振器的振幅和相位一致性检查。

(4) 宜根据探测目标体的深度、现场工作条件等因素，选择采用圆形、内嵌三角形、"T"形、"L"形或"十"字形等台阵观测方式。

(5) 应根据探测目的和深度、精度要求，选择合适的台阵半径、仪器采集参数及记录长度。

(6) 拾振器布置应符合下列规定：

1) 应按设计位置布设，布设条件宜一致，并与地面耦合良好；

2) 拾振器应摆放在密实地面上并调水平；

3) 台阵中各拾振器间的高差不宜大于 25cm。

(7) 微动勘探法现场数据采集应符合下列规定：

1）应根据现场振动干扰情况，选择合适的采集时机，避开测点附近的持续强震动干扰；

2）单次采集时间不宜少于10min，探测现场存在非持续的干扰因素时，应延长信号采集时间；

3）应该避免在恶劣的天气条件下采集信号；

4）应及时记录采集过程中的干扰情况。

（8）现场记录宜按表4.5-1的规定，包含测点编号、台阵形式、测试时间及环境干扰状况等。

（9）微动勘探法数据质量评价应符合下列规定：

1）数据应与原始记录一致；

2）数据质量评价应考虑微动数据在所需频率范围内的信噪比，信噪比宜大于10倍；

3）对于存在持续强震动干扰的数据或记录、内容模糊且无法修正的数据等不合格台阵数据，应重新采集。

（10）微动勘探法的数据处理应符合下列规定：

1）可选用频率-波数方法（F-K）、高分辨率频率-波数方法（HRFK）或空间自相关方法（SPAC）等方法提取面波的频散曲线；

2）宜根据需要计算各拾振点的H/V曲线和台阵平均H/V曲线，根据曲线特征进行地下病害体的判别和解释；

3）应根据需要绘制面波相速度剖面或视S波速度剖面进行地下病害体的解释。

（11）微动勘探法资料解释应符合下列规定：

1）应根据微动成果图件结合地质资料进行解释；

2）面波的深度转换可选用半波长法，并按泊松比进行系数校正，也可参照测区地质资料进行对比解释。

微动勘探法现场记录表   表 4.5-1

工程名称：_____ 工程地点：_____ 天气：_____
仪器编号：_____ 测线编号：_____ 台阵类型：_____ 台阵半径/间距（m）：_____

序号	测点编号	台阵布置草图	里程桩号/距离（m）	偏移（m）	测线方向	开始时间	结束时间	备注

操作：_____ 记录：_____ 日期：_____   第 页/共 页

4.5.3 探测方法

根据勘探目的不同，微动野外观测分为单点观测和剖面观测。它们的野外方法基本一致，只是剖面观测需按一定间距沿剖面进行单点观测。

1. 微动单点勘查

微动单点勘查最终获得测点下方地层介质的横波速度及界面深度，故也称为微动测

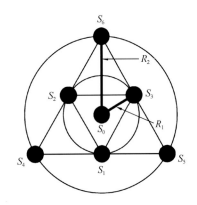

图 4.5-1 微动野外观测台阵示意图

深。微动单点勘查在日本也被称为虚拟钻孔。

微动单点勘查大多采用如图 4.5-1 所示观测台阵。由七台仪器所组成，除圆心放置一台（S_0）外，分别在两个同心圆上呈三角形均匀放置六台观测仪（$S_1 \sim S_6$）。这个观测台阵可一次或分两次进行观测，每次观测至少用四台仪器（中心点及同一圆周上的三台仪器）。台阵中心点到圆周的距离称为观测半径 R。一般来说，探测深度是观测半径的 3～5 倍。

2. 微动剖面勘探

为了满足二维勘探的需要，如探测煤层陷落柱、采空区、断层等地质构造，微动观测点可沿剖面布设即采用微动剖面勘查方式。这种方式的野外观测系统如图 4.5-2 所示，在完成第一点（S_1）观测（即 S_1、A_1、B_1、B_2 和 $C_1 \sim C_3$ 七点组成的一次单点观测）后，把观测点 S_1、A_1、B_1、C_1 的仪器分别搬到 S_2、A_2、B_2、C_2 上进行第二点观测，以此类推。这种工作方式在只用 7 台仪器的情况下，施工效率较高。

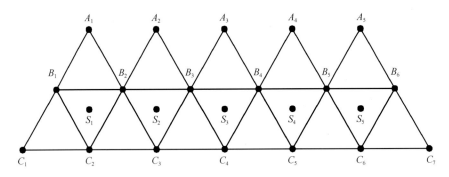

图 4.5-2 微动剖面勘查野外观测系统示意图

可根据面波频散曲线、H/V 曲线或速度剖面按表 4.5-2 的规定，识别地下病害体。

微动勘探法探测地下病害体的图像特征　　表 4.5-2

地下病害体	面波频散速度	H/V 曲线
空洞	空洞充空气时对应深度或频率段高阶波发育，表现为高速异常。空洞有软弱充填物或充水时表现为低速异常	H/V 曲线在高频段表现为量值大
疏松体	与周围正常地层对比，面波速度相对小	H/V 曲线在高频段表现为量值较大

4.5.4　探测成果

微动勘探法成果图件宜包括典型时间记录、频散曲线（V_R-f）、H/V 曲线，及视 S 波速度剖面或相速度剖面、病害体解释成果图等。图 4.5-3 剖面图清楚划分了各地层分界面与钻孔编录资料吻合较好；高速的基岩区域存在明显的低速带，结合钻孔资料推断低速带为岩溶发育区。

第4章 地下病害体探查技术

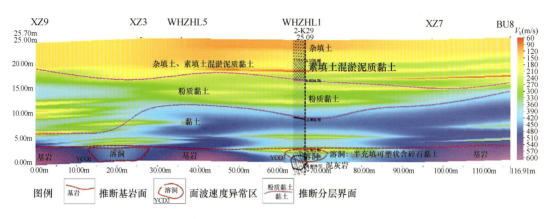

图 4.5-3　WD 微动勘探 V_x 剖面图（武汉地铁某线）

4.6　地震映像技术

地震映像（又称"高密度地震勘探""地震多波勘探"）是基于反射波法中的最佳偏移距技术发展起来的一种常用浅地层勘探方法。可利用的信息包括：折射波、反射波、绕射波，还可以利用有一定规律的面波、横波、转换波。地震映像法可用于探测脱空、空洞和疏松体。

应用地震映像法探测地下病害体时应符合下列规定：

（1）被探测对象与周围介质之间存在明显波阻抗差异；

（2）被探测对象的几何尺寸与其埋藏深度或探测距离之比不应小于 1/10；

（3）地形应基本平坦，无陡立面。

4.6.1　技术特点

地震映像法的主要特点有：

（1）数据采集速度较快但抗干扰能力弱，勘探深度有限；

（2）地震映像法在资料处理过程中不需要进行校正处理，节省了资料处理时间，避开了动校正对浅层反射波的拉伸、畸变影响，可以使反射波的动力学特征全部被保留，地震记录的分辨率不会受影响；

（3）地震映像法在资料解释中可以利用多种地震波的信息；在探测目的较单一、只需研究横向地质变化的情况下，地震映像法效果较好，而探测目的层较多时，不易确定最佳偏移距；

（4）由于每个记录道都采用了相同的偏移距，地震记录上的时间变化主要为地下地质体的反映，这给资料解释带来极大的方便，可直接对资料进行数字解释，如频谱分析、相关分析等。

4.6.2　技术原理

1. 地震映像技术原理

地震映像方法中，每一测点的波形记录都采用相同的偏移距激发和接收。在该偏移距处接收到的有效波具有较好的信噪比和分辨率，能够反映出地质体沿垂直方向和水平方向的变化，如图 4.6-1 所示。

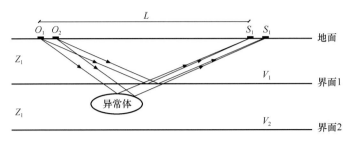

图 4.6-1　地震映像法工作原理示意图

设水平二层大地模型如图 4.6-1 所示，L 为偏移距，O_1、O_2 为激发点，S_1、S_2 为接收点。当界面水平时，反射点和接收点中点下的界面上，反射波的传播时间与界面深度、围岩的波速有关。反射波时距方程为：

$$T=\frac{\sqrt{4Z^2+L^2}}{V_1} \tag{4.6-1}$$

式中　Z——V_1 介质的厚度（m）；

V_1——速度（m/s）；

L——偏移距（m）。

地震映像法为地震单道反射。利用介质的弹性波速差异来探测异常体。人工锤击地面产生的地震波在向地下传播过程中，遇到地下介质存在的波速差异时，便会产生反射波并反射回地面。当介质分布均匀，无地下空区、空洞等异常体存在时，则所得到的同相轴连续稳定，不会出现错断、缺失、能量减弱等现象。若地下存在空区、空洞等不良地质情况，则地震波在其分界面上会产生波的绕射，使得同相轴出现错断、缺失、能量减弱等现象，从而识别空区。

2. 技术设备要求

采集仪器可选用单道或多道地震仪。

（1）探测前应进行有效性试验，确定偏移距、激发方式及检波器频率等。

（2）应根据探测深度和精度的要求确定采样间隔和记录长度。

（3）地震映像法测线布设应符合下列规定：

1）测线宜选择地形起伏较小，表层介质较为均匀的地段布设；

2）测线宜布设成直线，受场地条件限制时，测线可布设成折线，当遇到台阶或陡坎时，应另起新测线；

3）测点间距应不大于最小目标病害体地面投影直径的 1/3；

4）测线间距不应大于最小目标病害体地面投影直径的 1/2。

（4）地震映像法现场数据采集应符合下列规定：

1）检波器应垂直插入地面，与地面耦合良好，不具备安插条件时，可采用铁靴装置安装；

2）激发能量宜保持一致，锤击后铁锤与垫板迅速分开；

3）宜选择振动干扰较小的时段进行探测；

4) 可采用叠加的方式提高信噪比;
5) 发现疑似地下病害体时,应做好记录,必要时加密测点重复观测。
（5）现场记录宜按表 4.6-1 的格式记录。
（6）采集数据剖面应记录清晰,信噪比满足数据处理、解释的需要。
（7）地震映像法数据处理应符合下列规定:
1) 应剔除坏道数据;
2) 宜采用带通滤波,消除环境干扰;
3) 可采用小波变换、预测反滤波、F-K 域滤波、速度分析等方法进行处理;
4) 宜对地震波反射能量随深度的衰减进行补偿。

地震映像法野外探测记录单　　　　　　　　表 4.6-1

工程名称:＿＿＿＿＿＿　工程地点:＿＿＿＿＿＿　天气:＿＿＿＿＿＿
设备型号/编号:＿＿＿＿＿＿　检波器主频（Hz）:＿＿＿＿＿＿
测线编号:＿＿＿＿＿＿　间距（m）:＿＿＿＿＿＿　采样间隔（ms）:＿＿＿＿＿＿

炮点编号	文件名	炮点位置	检波点起始桩号	备注

测试:　　　记录:　　　日期:　　　　　　　　　　　　　　第　页/共　页

4.6.3 探测方法

地震映像技术通常采用共偏移距的采集方式,每次测量点为激发和接收距离的中点,时间域中各波的时序分布关系与形态特征是地层地质现象的客观反映,因此可以直接对映像剖面资料进行数字解释。

可根据地震映像剖面同相轴的连续性、频率变化等属性指标按表 4.6-2 识别地下病害体。

地下病害体的地震映像特征　　　　　　　　表 4.6-2

地下病害体	同相轴连续性	频率变化
脱空	多表现为同相轴消失或分叉	频率低于背景场
空洞	同相轴下凹,边界处同相轴明显错断,局部有散射现象	频率低于背景场
疏松体	同相轴下凹,地震波历时延长	频率低于背景场

4.6.4 探测成果

地震映像法探测成果图宜包括地震映像测线平面布置图、地震映像剖面图（图 4.6-2）、地下病害体平面分布图。

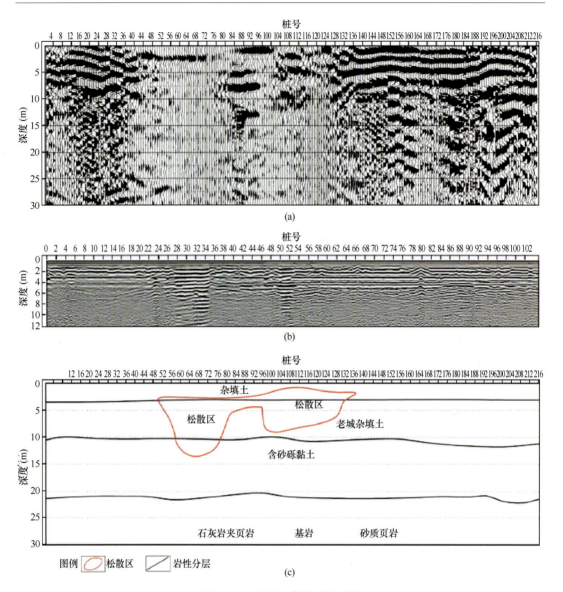

图 4.6-2 地震映像剖面图示例
(a) 1线地震映像剖面；(b) 1线地质雷达剖面；(c) 1线工程物探综合解释剖面

4.7 瞬变电磁技术

瞬变电磁法是利用不接地回线或接地线源向地下发射一次脉冲磁场，在一次脉冲磁场间歇期间利用线圈或接地电极观测地下介质中引起的二次感应涡流场，从而探测介质电阻率的一种方法。

4.7.1 技术特点

瞬变电磁法与其他的电法勘探方法相比较，具有以下优点：
（1）由于该方法观测到的是纯二次场，一次场对其没有影响，增强了分辨能力；

(2) 增大发射功率可以增大二次场，达到增大勘探深度的效果；

(3) 在高阻围岩条件下，地形条件引起的假异常不影响测量结果；低阻围岩区很容易识别由于地形引起的异常；

(4) 通过多次脉冲激发，可以提高信噪比和观测精度；

(5) 每一个测点可以测量不同方向磁场的变化信息，可以整理出多种剖面图以及测深图，获得的信息较丰富；

(6) 由于采用不接地回线，不存在接地电阻的问题，可以适用于多种条件下的测量，不仅施工方便，而且效率高，同时获得的地质效果高。

瞬变电磁法能够有效地探测围岩中的良导体（层），正是由于这些特点，瞬变电磁法才得到了广泛的应用。根据以前的资料介绍以及实际工作经验，在金属矿勘探、地下水探测、洞穴探测、高矿化度污染区域的圈定等方面都有广泛的应用。

瞬变电磁法的缺点有：

(1) 噪声干扰会影响晚期的数据，会影响对于深部的探测；

(2) 瞬变电磁法对高阻异常响应不如低阻异常，地下介质的不均匀性对瞬变电磁的探测影响大；

(3) 瞬变电磁法只能用于定性解释，而不能用于定量解释。

4.7.2 技术原理

1. 技术原理

瞬变电磁法是一种利用电磁感应原理的物探方法，通过一个不接地回线或接地线源电偶极子向地下发射脉冲电磁波作为激发场源（称"一次场"），观测并研究地层或地质目标体（地下采空区）在激发场（即"一次场"）的作用下所产生的电磁场（称"二次场"）的空间分布特性和时间特性，以此推测解释地层或采空区的空间结构和物性特征。瞬变电磁测量利用大定源回线，阶跃脉冲电流激发的二次涡流场进行，在导磁率为 μ、导电率为 σ 的均匀各向同性大地表面放置一个矩形的发射回线，其面积为 S，回线的内部提供阶跃脉冲电流。断开电流之前，发射电流在回线周围的空间和大地中产生了稳定的磁场，如

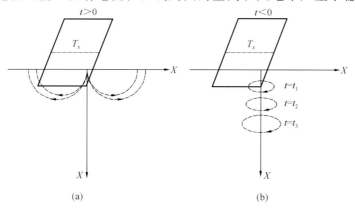

图 4.7-1 矩形回线的磁力线及等效涡流环
(a) 稳定磁场的建立；(b) 磁场的衰减
T_x—发射线框；t—衰减时间

图 4.7-1所示。

当电流关闭时，由发射电流所产生的磁场也会立刻消失。这种变化在一次场中迅速传递到回线周围的地面，借助了空气以及地下的传导介质，且在发射电流断开之前诱发大地中的感应电流以维持磁场，使空间的磁场不至于立刻消失。但是，因为介质存在欧姆损耗，所以其产生的磁场也会随着感应电流的衰减而迅速衰减，磁场的迅速衰减又会在其周围的地下介质中感应出强度更弱的新的涡流。这一过程一直持续到大地的欧姆损耗将磁场能量消耗殆尽为止，形成了作为探测目标的大地瞬变电磁场。

2. 设备要求

（1）地下病害体探测宜选用等值反磁通装置或中心回线装置。

（2）瞬变电磁法仪器的主要技术指标应符合下列规定：

1）最小发射电流大于 3A；

2）动态范围不小于 120dB；

3）等效输入噪声不大于 1uV；

4）对工频干扰抑制不小于 60dB。

（3）采用中心回线装置时，发射回线边长（L）可根据最大发射电流（I）、探测深度（H）按下式计算：

$$H = 0.55 \left(\frac{L^2 I \rho}{\eta}\right)^{1/5} \tag{4.7-1}$$

$$\eta = R_m N \tag{4.7-2}$$

式中　H——探测深度（m）；

　　　L——发射回线边长（m）；

　　　I——发射电流（A）；

　　　ρ——上覆地层电阻率（Ω·m）；

　　　η——最小可分辨电平，一般为 0.2~0.5nV/m；

　　　R_m——最低限度的信噪比；

　　　N——噪声电平。

（4）采用等值反磁通装置时，可按下式计算探测深度：

$$H = 28\sqrt{\rho t} \tag{4.7-3}$$

式中　ρ——上覆地层电阻率（Ω·m）；

　　　H——探测深度（m）；

　　　t——衰减时间（ms）。

（5）瞬变电磁法的工作布置应符合下列规定：

1）点距与线距应能完整反映探测目标的分布；

2）测线宜按直线布置，当受场地条件限制时，可布置成折线。

（6）瞬变电磁法的数据采集应符合下列规定：

1）根据试验结果确定发射线框与接收线框间距；

2）根据探测深度选取发射频率；

3）现场观测时，除最后 5 个测道外，其余观测值均应在噪声电平以上。否则应查明原因，并重复观测；

4) 对瞬间干扰应暂停观测，排除干扰后再进行探测；
5) 曲线出现畸变时，应查明原因并重复观测；必要时，可移动点位避开干扰源重测，并记录；
6) 遇异常点时，应重复观测，必要时应加密测点；
7) 若曲线衰减变慢时，应扩大测道时间范围重复观测；
8) 每个测点观测完毕后，应检查数据和曲线，合格后方可进行下一点观测；
9) 现场观测时，应记录干扰源、地表变形等异常现象。

（7）宜按表 4.7-1 的规定进行现场记录。

（8）瞬变电磁法的数据质量评价应符合下列规定：
1) 重复观测的数据的曲线形态和幅值应一致；
2) 各测道数据幅值的相对标准偏差宜小于 10%。

（9）瞬变电磁法数据处理应符合下列规定：
1) 为消除一次场的影响，宜进行发射电流切断时间影响的改正处理；
2) 宜剔除干扰大、质量差的数据；
3) 宜对数据进行滤波处理；
4) 可根据需要计算出视电阻率、视深度、视时间常数、视纵向电导等参数；
5) 宜结合测区工程地质资料，对数据进行反演处理。

（10）瞬变电磁法资料解释应符合下列规定：
1) 应根据瞬变电磁多测道图和视电阻率拟断面图的曲线形态和振幅的变化进行地下病害体解释；
2) 应结合调查资料进行地下病害体定性或半定量解释。

瞬变电磁法（TEM）测点观测记录表　　　　表 4.7-1

项目名称					
工作地点		日期		天气	
发射框边长（m）		发射电流（A）		发射频率（Hz）	
接收框有效面积（m²）		采集分量		工作装置	
仪器号	接收线框号	测点号	测点文件名	测点描述	

责任员：　　　操作员：　　　记录员：　　　校验员：

4.7.3 探测方法

根据瞬变电磁法激励方式以及探测目的的不同，装置类型可分为中心回线装置、大定源回线装置和重叠回线装置。

中心回线和重叠回线装置可以用于剖面法和测深法，其横向分辨率高并且受地质体影响小；这两种方法的不足是勘探深度一般只达到几百米，在实际工作中受地形影响大。

大定源回线装置兼具剖面法和测深法，效率高，勘探深度较大，但是探测时目标体的体积效应较强，容易受集流效应的影响。

4.7.4 探测成果

瞬变电磁法成果图宜包括瞬变电磁测线平面布置图、多测道$[V(t)/I]$异常剖面曲线图、视电阻率拟断面图和地下病害体平面分布图。

瞬变电磁法应根据二次场衰减和视电阻率等特征，按表4.7-2识别地下病害体。

地下病害体的瞬变电磁法识别特征　　　　　　　表4.7-2

地下病害体	二次场衰减	视电阻率
空洞	二次场幅值小，衰减快	表现为相对高阻异常
疏松体	二次场幅值较小，衰减较快	表现为相对高阻异常
富水体	二次场幅值大，衰减慢	表现为相对低阻异常

图4.7-2～图4.7-4为采用瞬变电磁寻找溶洞的示例。岩面标高在−5～−5.5m以上视电阻率小于280Ω·m，为粉质黏土层；以下视电阻率基本大于280Ω·m，为灰岩基岩，其基岩顶面标高−5.6～−7.3m。图4.7-4中的19号点位置有溶洞显示，顶面标高−6.2m。

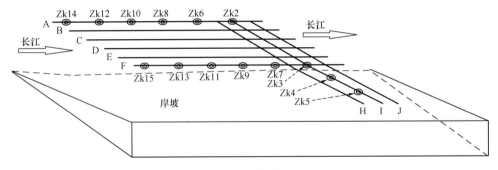

图4.7-2　测线布置图
注：H、I、J代表钻孔剖面线

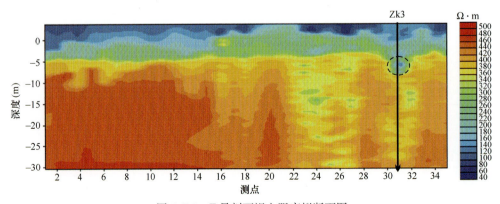

图4.7-3　F号剖面视电阻率拟断面图

左右，横向宽大约 2m，纵向延深大约 4m。其余岩性均匀，未见溶洞或塌陷。由此可见两个剖面均清晰地划分出了粉质黏土层与灰岩基岩的分界线，并清楚地探测到了溶洞地位置，溶洞的形状大小清晰可见。

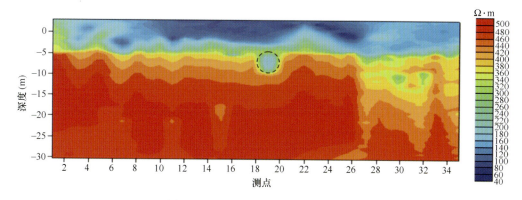

图 4.7-4　E 号剖面视电阻率拟断面图

第 5 章 排水管道病害探查技术

5.1 概述

排水管道发生事故的可能性随着服务时间的增长而急剧增加,到了事故高发期,必须尽快采取有效措施,以最大限度地减少事故的发生。实践证明,运用先进技术开展管道状况调查,准确掌握管道状况并根据一定的优选原则对存在严重缺陷的管道进行及时维修就可以避免事故的发生,同时也能大大延长管道寿命。

我国于 2012 年 7 月 19 日发布,并于 2012 年 12 月 1 日实施的行业标准《城镇排水管道检测与评估技术规程》CJJ 181—2012 自发布以来,不仅对指导和规范排水管道本身的缺陷普查起到了填补国内标准的空白作用,而且积极配合了国务院有关加强城市基础设施和地下管线建设的战略部署,推动了行业的健康发展。这部行业标准的出台,为我国城镇排水管道检测与评估技术的发展和应用做出了不可磨灭的贡献。

排水管道仪器检测技术主要分为七种:管道闭路电视检测(CCTV)、管道潜望镜检测(QV)、管道胶囊检测技术、声纳检测、激光检测、电法测漏检测技术和管中雷达检测。各种检测方法适用范围与特点详见表 5.1-1。

检测方法适用范围与特点　　　　　　　表 5.1-1

检测方法	适用工况	适用管径大小	特点
管道闭路电视检测(CCTV)	水深不超过 10cm,泥深不超过 5cm	大于等于 300mm,小于 1800mm	直观、有效研判缺陷的类型和严重程度
管道潜望镜检测(QV)	水深不超过管径 40%,泥深不超过管径 30%	大于等于 300mm,小于 1000mm。短距离检测(3m 以内),适用 200~250mm	便捷,初判缺陷的类型和严重程度
管道胶囊检测	水深不超过管径 70%,泥深不超过管径 60%(大管径适当放宽,小管径适当减小)	大于等于 200mm	可精细分析缺陷的类型和严重程度
声纳检测	水深大于等于 300mm	大于等于 300mm	初判管道水下部分的缺陷类型和严重程度
激光检测	水深不超过 10cm	大于等于 300mm	初判管道水上部分的缺陷类型和严重程度
电法测漏检测	水深大于等于 300mm	大于等于 600mm	电法测漏仪检测既能够提供渗漏位置外,还能够判断渗漏点的级别,评价管道的破损程度,为后续修复提供依据
管中雷达检测	管道内水位或泥面不宜大于管道直径的 20%	大于等于 600mm	探查管道周边土体疏松、空洞等病害

5.2 管道闭路电视检测技术

管道电视检测是采用闭路电视系统进行管道检测的方法,简称 CCTV(Closed Circuit Television Inspection)检测。CCTV 检测系统是一套集机械化与智能化为一体的记录管道内部情况的设备。它采用远程采集图像,通过有线或无线传输方式,无需人员进入管道内即可对管道内状况进行显示和记录的检测方法。CCTV 检测最早大约出现于 20 世纪 50 年代,到 20 世纪 80 年代中后期已基本成熟,是目前国际上用于管道状况检测最为有效的手段。该技术于 20 世纪 90 年代中期引进到国内,近年来已经普遍应用并取得了非常好的效果。

5.2.1 技术特点

1. CCTV 设备组成

常见的电视检测设备主要由控制系统、传输系统、搭载系统和摄像系统组成。
各个系统的具体构件及其功能详见表 5.2-1。

CCTV 的构成一览表　　　　表 5.2-1

系统名称	构件名称	组成单元	功能和特点
控制系统	控制器	1)监视器、电脑、键盘; 2)平板电脑	1)控制指令; 2)人机交互字幕叠加,时间和距离自动叠加
控制系统	存储组件	内置硬盘、USB外接口、外插存储卡、U盘	1)存储视频文件; 2)空间足够大
传输系统	线缆盘架	线缆盘、线缆架、驱动装置、计米器	1)线缆承载、收放控制; 2)分动力驱动和手动驱动; 3)记录线缆长度变化
传输系统	线缆	特种线缆	1)动力、照明电力和数据传输; 2)抗干扰能力强、抗拉强度高、直径较细、重量较轻
搭载系统	自行搭载平台	电机驱动平台、摄像系统承载架	1)驱动前进和倒退、转弯; 2)爬坡能力大于40°; 3)承载架高低远程可调
搭载系统	无动力搭载平台	雪橇、无动力漂浮筏	拖拽移动,不易精确控制
摄像系统	摄像组件	摄像头、驱动马达、LED 小灯组	1)采集视频图像、镜头光学10倍以上(数字4倍以上)变焦、自动对焦; 2)镜头可横向270°和环向360°旋转
摄像系统	灯光组件	1)卤素灯; 2)LED大灯组	1)宽泛角度照明; 2)光照度能远程控制强弱

控制系统:是将动力、照明、图像摄取和存放的管理集成在一个控制箱内,控制整个设备的运行与操作,包括硬件控制和软件控制。它一般由主控制器面板、集成线路板、变压器、显示器和存储组件等硬件组成。主控制器面板上安装有操作按钮和旋钮,用于控制摄像头、灯光和爬行器。主控制器上的显示器、鼠标和键盘便于显示日期、时间、距离信息、标注字符,并进行一些必要的操作,目前逐渐为集成专用终端控制软件的电脑所取代。

传输系统：传输系统中的线缆盘有手动、半自动和全自动三种。手动线缆盘全靠人力摇动手柄收放电缆。半自动线缆盘则是电机驱动，当爬行器在管道中前进或倒退时需人工配合按动控制按钮。全自动线缆盘则无须人工操作。CCTV的线缆不同于一般的电缆，它除了具有传输电信号基本功能外，还应具有很强的抗拉能力。线缆盘上安装有距离计米器，用于记录爬行器行进的距离，便于检测人员确定管道缺陷的位置，电缆端部与爬行器相连。

搭载系统：目前常用有轮胎式、履带式和螺旋推进式，连接在电缆尾部的爬行器内部装有电机，结构上为防水设计，可以在有水的管道内部行进，具有前进、后退、空挡、变速、防侧翻等功能，爬行器的头部安装了摄像头和灯光，爬行器根据管径的不同，可选配不同直径大小的轮胎与爬行器相连。

摄像系统：摄像头应具有超高的感光能力、逼真的画质和广视角捕捉画面，能够进行变焦和数字变焦的操作。摄像镜头应具有平扫与旋转、仰俯与旋转功能，通过旋转摄像头可以进行全方位观测。摄像镜头高度可以随着支撑架自由调整，摄像头两侧安装有可以调节亮度的灯组，作为摄像头光源。灯组由泛光灯和聚光灯组成，泛光灯为拍摄面提供照明，而聚光灯则随动摄像头为拍摄点提供照明。光源有冷热之分，近些年以LED为代表的冷光源逐步取代了常规的热光源。

2. CCTV技术要求

表5.2-2是住房和城乡建设部发布的《城镇排水管道检测与评估技术规程》CJJ 181—2012中对CCTV设备主要技术指标的要求，随着技术的不断进步，表中的部分参数在今后会修订提升。

电视检测设备主要技术指标　　　　　　　　　　　表5.2-2

项目	技术指标
图像传感器	≥1/4″CCD，彩色
灵敏度（最低感光度）	≤3 勒克斯（lx）
视角	≥45°
分辨率	≥640×480
照度	≥10×LED
图像变形	≤±5%
爬行器	电缆长度为120m时，爬坡能力应大于5°
电缆抗拉力	≥2kN
存储	录像编码格式：MPEG4、AVI；照片格式：JPEG

3. CCTV设备要求

（1）结构和密封性

排水管道内部环境恶劣，堆积物等成分复杂，要求CCTV检测设备具备坚固的机械结构和良好密封性能。目前，均要求CCTV设备通过IP68等级的防水性能测试，即在高度10m水头的情况下仍能正常工作。但长期使用的CCTV设备，零部件会老化，设备需定期维护保养，特别的防水密封材料需定期检查和更换，防止设备进水损坏。现行规程要求CCTV设备能在0～+50℃的气温条件下和潮湿的环境中正常工作，目前主流CCTV设备均能满足这一要求。但有些特殊的管道，特别是工业污水管，环境温度可能上升到40℃以上，甚至更高，可能给设备带来较大损伤。由于排水管道空间相对封闭，空气流通较差，因此易形成厌氧环境。在此环境下，进入管道的生活污水在一系列菌群的作用下，对复杂有机物进行降解并产生有害气体。部分为易燃易爆气体，比如硫化氢、一氧化碳、甲烷等，这就要求CCTV设备具备一定的防爆性能。另外，硫化氢溶于水行成氢硫酸也会对CCTV设备造成一定损害，因此密封性对保证CCTV设备正常工作至关重要。

（2）适用不同口径

为了取得最佳检测效果，现行的检测相关规范几乎都要求CCTV设备的摄像头检测时尽可能位于管道中心位置，偏离不大于10%。目前主要通过调整轮径、轮距及镜头支架的方式实现。目前常规CCTV轮径10~25cm，轮距10~26cm，镜头支架的调节方式因设备而不同，主要分为固定式、手动支架式、自动升降式和混合式。常规CCTV设备基本能满足$DN300$~$DN1500$的管道检测要求。

如果需要检测更大口径的管道，单纯调节镜头支架高度还不够，需要在设备的动力满足的前提下，对轮径、轮距、灯光和支架进行改造，或定制大直径的管道检测设备，如图5.2-1、图5.2-2所示。在管渠有水的情形下，可利用漂浮筏运载摄像和灯光系统进行检测。

图5.2-1 国外大型CCTV检测设备

图5.2-2 国产大型CCTV检测设备

（3）爬坡能力

爬坡能力是指爬行器能爬上坡的角度，现行行业标准CJJ 181规定爬行器电缆长度120m时，爬坡能力应大于5°。绝大多数的市政排水管道都是重力流，其设计坡度一般在1/1000~3/1000之间，因此爬坡能力大于5°的要求，现有爬行器完全能满足。目前，CCTV电缆线标配长度都在150m，部分标配长度200m，少数定制长度达300~500m，爬行器不但要克服其自身重力所带来的阻力，还要拖着线缆一同前行，这就要求CCTV检测设备具备强劲的动力。

（4）测距能力

长度计数功能是CCTV设备的基本功能之一，为了能对检测中发现的缺陷纵向位置进行准确定位，CCTV检测系统应具有测距功能，目前常用的是通过电缆计数码盘（俗称"计米器"）计量线缆拖出长度实现的，目前主流设备的精度是厘米级。检测时，爬行器在井下就位后就让计米器归零，作为检测的起点，设备的爬行距离为线缆的释放长度。

但在实际的使用过程中,由于电缆很难做到一直处于紧绷状态,摄像头位置到实际缺陷位置仍有一段距离(几厘米至几十厘米不等),因此,一般检测缺陷位置允许的误差在 0.5m 以内,实际操作中应对缺陷位置进行校准。

5.2.2 技术原理

CCTV 的基本设备包括:摄像头、灯光、承载摄影机的支架、爬行器、电缆、线缆盘、控制设备、录像设备、监视器、长度测量仪等。管道 CCTV 检测是采用 CCTV 管道内窥电视检测系统,检测时操作人员在地面远程控制 CCTV 检测车在管道内自动爬行,对管道内的腐蚀、破裂、渗漏、错位等状况进行探测和摄像,同时记录管道内的状况,从而将地下隐蔽管线变为在电脑上可见的录像视频,由专业的技术人员根据这些录像进行管道内部状况的评价与分析(图 5.2-3)。方便管理部门了解管道内部状况,并依据检测技术规程进行评估,为制定修复方案提供重要依据。

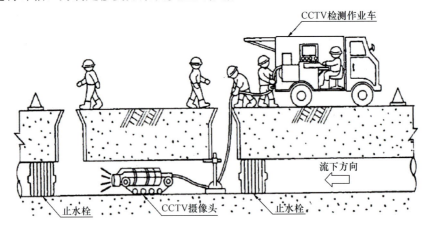

图 5.2-3　CCTV 电视检测示意图

目前,电视检测的检测方式和相配套的设备共有四种,它们分别为:

1. 拉拽式 CCTV

在无动力的移动承载平台上搭载摄像系统和照明系统,诸如雪橇、漂浮阀等,通过人力或卷扬机拖拽使平台在管道内移动,从而获取管道内壁图像。雪橇式是早期采用的搭载方式,目前已经很少使用(图 5.2-4)。漂浮筏式主要用于管道无法完全断水时管道检测(图 5.2-5)。

图 5.2-4　雪橇式 CCTV

图 5.2-5　漂浮筏式 CCTV

2. 自行式 CCTV

在爬行器或其他承载自行平台上搭载摄像系统和照明系统进入管道内部行驶拍摄，长距离、长时间拍摄和记载管内实况。通常有轮式（图 5.2-6）、履带式（图 5.2-7）、螺旋推进式（图 5.2-8）等，其中轮式是目前最常见的方式。履带式 CCTV，较为笨重，国内使用较少。螺旋推进式，是目前较为新颖的自行方式，适用于排水管道、暗河箱涵等的检测。另外也有将 CCTV 摄像系统安置在带有动力的漂浮筏上，用来检测大型盖板沟渠。

图 5.2-6　轮式 CCTV　　　　图 5.2-7　履带式 CCTV

图 5.2-8　螺旋推进式 CCTV　　　图 5.2-9　推杆式 CCTV

3. 推杆式 CCTV

如图 5.2-9 所示，推杆式 CCTV 将集成照明灯光的摄像头用专用硬电缆由人力推送至管道内部，拍摄和记录管内实况。推杆式 CCTV 一般用在小口径管道的检查，主要用于污水出户管、小区内管道，市政雨水连管等小口径管道的检测作业。

现场管道检测应包括下列基本内容：

（1）设立施工现场围栏和安全标志，必要时须按道路交通管理部门的指示封闭道路后再作业；

（2）打开井盖后，首先保证被检测管道的通风，在必须下井工作之前，要使用有毒、有害气体检测仪进行检测，在确认井内有毒、有害气体满足现行行业标准《城镇排水管渠与泵站运行、维护及安全技术规程》CJJ 68—2016 要求后方可开展检测工作；

（3）管道预处理，如封堵、吸污、清洗、抽水等；

（4）仪器设备连接、自检；

（5）管道实地检测与初步判读。对发现的重大缺陷问题应及时报知委托方或委托方指定的现场监理；

(6) 检测完成后应及时清理现场，并对仪器设备进行清洁保养。

5.2.3 探测方法

电视检测应具备的条件是管道内无水或者管道内水位很低。所以电视检测时，管道内的水位越低越好。但是管道内的水位降得越低，难度越大，费用也越高。经过大量的案例实践，将水位高规定为管道直径的20%，能够解决90%以上的管道缺陷检查问题，相关费用也可以接受。

管道内水位太高，水面下部检测不到，检测效果大打折扣。因此，管道内水位高时，检测前应对管道实施封堵和导流，使管内水位达到不大于管道直径的20%的要求，主要是为了最大限度露出管道结构。管道检测前，封堵、吸污、清洗、导流等准备性和辅助性的作业都应该遵守现行行业标准《城镇排水管道维护安全技术规程》CJJ 6和《城镇排水管渠与泵站运行、维护及安全技术规程》CJJ 68的有关规定。

爬行器的行进方向与水流方向一致，可以减少行进阻力，也可以消除爬行器前方的壅水现象，有利于检测进行，提高检测效果。

通过操作主控器面板上的按钮和旋钮，来操控爬行器在管道中的前进和倒退以及行进速度。在操控爬行器工作时，注意以下操作事项：

(1) 首先，将爬行器摆放在管道中之后，要使行进速度旋钮回旋至归零位置；
(2) 检查爬行器车轮是否紧固；
(3) 操控爬行器开始前进时，先按下前进按钮，再顺时针旋转行进速度控制旋钮；
(4) 爬行器的摆放：将爬行器用绳子分别挂住爬行器的尾部和套住爬行器的前部，缓慢吊放入井中，调解前后吊绳最终使爬行器平卧在井底管口位置，正中朝向被检测的管道延伸方向；
(5) 严禁将爬行器尾部的连接电缆作为吊绳使用；
(6) 严禁只在爬行器尾部挂绳（使爬行器处于头朝下状态）单绳吊放；
(7) 在爬行器的尾部加挂一条牵引绳（绳的耐拉力大于60kg），用于拖拽爬行器后退助力；
(8) 严禁拖拽连接电缆为爬行器助力；
(9) 严禁自行打开爬行器，遇有问题，通知并提交给厂家维修人员解决；
(10) 收存爬行器之前，应用专用插头保护套将爬行器前后的插头座套好；
(11) 工作结束后，注意爬行器的清洁。

检测大管径时，镜头的可视范围大，行进速度可以快一些；但是速度过快可能导致检测人员无法及时发现管道缺陷，故规定管径小于或等于200mm时行进速度不宜超过0.1m/s，管径大于200mm时行进速度不宜超过0.15m/s。

摄像镜头变焦时，图像则变得模糊不清。如果在爬行器行进过程中，使用镜头的变焦功能，则由于图像模糊，看不清缺陷情况，很可能将存在的缺陷遗漏而不能记录下来。所以当需要使用变焦功能协助操作员看清管道缺陷时，爬行器应保持在静止状态。镜头的焦距恢复到最短焦距位置是指需要爬行器继续行进时，应先将焦距恢复到正常状态。

操作时，在爬行器行进过程中，严禁操控镜头做扇形摆动或圆周转动；操控镜头做扇形摆动或圆周转动动作时，要求爬行器保持在静止状态；在操控爬行器正常前进或后退时，镜头要保持在正常状态（即镜头正视管道走向的正前方）；在镜头处于非正常状态（已经摆动和旋转到一个角度）并需要爬行器前进或后退时，爬行器运动的速度要缓慢；工作结束后，应特别注意清洁镜头。

在检测过程中发现缺陷时，应尽可能在现场进行判读和记录，主要是在现场判读有疑问时，可以当场反复观察，及时补充影像资料。排水管道检测必须保证资料的准确性和真实性，由复核人员对检测资料和记录进行复核，以免由于记录、标记不合格或影像资料因设备故障缺失等导致外业返工的情况发生。

5.2.4 探测成果

管道缺陷根据图像进行观察确定，缺陷尺寸无法直接测量。因此对于管道缺陷尺寸的判定，主要是根据参照物的尺寸采用比照的方法确定。

无法确定的缺陷类型主要是指《城镇排水管道检测与评估技术规程》CJJ 181—2012 第 8 章所列缺陷没有包括或在同一处具有两种以上管道缺陷特征且又难以定论时，应在评估报告中加以说明。

由于在评估报告中需附缺陷图片，采用现场抓取时可以即时进行调节，直至获得最佳的图片，保证检测结果的质量。对各种缺陷、特殊结构和检测状况应作详细判读和量测，并填写现场记录表，记录表的内容和格式应符合表 5.2-3～表 5.2-5 的规定。

排水管道检测现场记录表 表 5.2-3

任务名称： 第 页 共 页

录像文件		管段编号		→		检测方法	
敷设年代		起点埋深				终点埋深	
管段类型		管段材质				管段直径	
检测方向		管段长度				检测长度	
检测地点						检测日期	

距离(m)	缺陷名称或代码	等级	位置	照片序号	备注
其他					

检测员： 监督人员： 校核员： 年 月 日

检查井检查记录表 表 5.2-4

任务名称： 第 页 共 页

检测单位名称						检查井编号	
埋设年代		性质		井材质	井盖形状	井盖材质	
检查内容							
	外部检查				内部检查		
1	井盖埋没				链条或锁具		
2	井盖丢失				爬梯松动、锈蚀或缺损		
3	井盖破损				井壁泥垢		
4	井框破损				井壁裂缝		
5	盖框间隙				井壁渗漏		
6	盖框高差				抹面脱落		
7	盖框突出或凹陷				管口孔洞		
8	跳动和声响				流槽破损		
9	周边路面破损、沉降				井底积泥、杂物		
10	井盖标示错误				水流不畅		
11	是否为重型井盖（道路上）				浮渣		
12	其他				其他		
备注							

检测员： 记录员： 校核员： 检查日期： 年 月 日

雨水口检查记录表 表 5.2-5

任务名称： 第 页 共 页

检测单位名称					雨水口编号	
埋设年代		材质	雨水箅形式	雨水箅材质	下游井编号	
检查内容						
	外部检查			内部检查		
1	雨水箅丢失			铰或链条损坏		
2	雨水箅破损			裂缝或渗漏		
3	雨水口框破损			抹面剥落		
4	盖框间隙			积泥或杂物		
5	盖框高差			水流受阻		
6	孔眼堵塞			私接连管		
7	雨水口框突出			井体倾斜		
8	异臭			连管异常		
9	路面沉降或积水			防坠网		
10	其他			其他		
备注						

检测员： 记录员： 校核员： 检查日期： 年 月 日

5.3 管道潜望镜检测

管道潜望镜检测（又称"QuickView 检测"，简称"QV 检测"）是利用电子摄像高倍变焦的技术，加上高质量的聚光、散光灯配合进行管道内窥检测。潜望镜的优点是携带方便，操作简单。由于设备的局限，这种检测主要用来观察管道是否存在严重的堵塞、错口、渗漏等问题。对细微的结构性问题，不能提供很好的成果。如果对管道封堵后采用这种检测方法，能迅速得知管道的主要结构问题。对于管道里面有疑点的、看不清楚的缺陷需要采用闭路电视在管道内部进行检测，管道潜望镜不能代替闭路电视解决管道检测的全部问题。

5.3.1 技术特点

管道潜望镜检测具有如下技术特点：
(1) 准备工作少，检测前，开启井盖、适度通风即可；
(2) 设备高度集成，控制杆与探头一体化包装，取出开机即可使用；
(3) 管道潜望镜在检查井口进行作业，对管道与检查井无损害；
(4) 基于视频检测，直观、一目了然，可保存现场视频、缺陷图片等；
(5) 无法看到水面以下的情况，满管水时完全没有办法进行检测；
(6) 快速了解管道内部情况，一般一段管道可以在 10min 以内就完成检测；
(7) 只能用于对管道内部情况的初查，不作为结构性缺陷评估的依据；
(8) 部分厂家的产品具备直播推流功能，可以远程查看现场视频。

管道潜望镜检测设备的主要技术指标应符合表 5.3-1 的规定。

管道潜望镜检测设备主要技术指标 表 5.3-1

项目	技术指标
图像传感器	≥1/4″CCD，彩色
灵敏度（最低感光度）	≤3 勒克斯（lx）
视角	≥45°
分辨率	≥640×480
照度	≥10×LED
图像变形	≤±5%
变焦范围	光学变焦≥10 倍，数字变焦≥10 倍
存储	录像编码格式：MPEG4、AVI；照片格式：JPEG

5.3.2 技术原理

管道潜望镜由主机、探头、支撑杆等几部分组成。其工作原理如图 5.3-1 所示，通过支撑杆将探头在管口居中，在检查井口对整段管道进行成像。

管道潜望镜检测比较简单，仪器使用自身携带的电池工作，无需现场供电，检查人员只需要控制灯光亮度、探头角度、摄像放大倍数即可对管道内部成像。但是其存在着很多

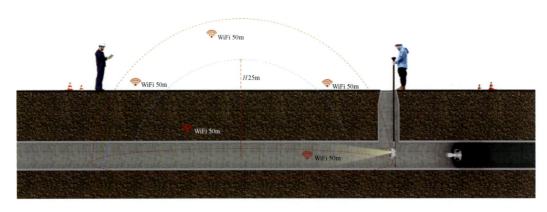

图 5.3-1 管道潜望镜施工原理图

的局限，如：不能够检测水下面的情况，管道拍摄很难保证完整，拍摄存在盲区，无法进行定位或定位不准确。因此管道潜望镜检测结果不能作为管道结构性评估的依据。

随着技术的发展，管道潜望镜经历了由标清向高清、由有线向无线发展的阶段。因此对于管道潜望镜，最常见的分类方法有两种，一种是按照视频清晰度区分，另一种是按照是否需要连接电缆区分。

按照是否需要连接电缆，管道潜望镜可以分为有线管道潜望镜和无线管道潜望镜。有线潜望镜由于在使用的过程中需要连接电缆，拆装探头，效率较低，目前使用的已经较少。市面上大部分使用的都是无线潜望镜。

按照视频清晰度区分，管道潜望镜可以分为模拟标清管道潜望镜和数字高清潜望镜。其中，模拟标清潜望镜前端使用模拟摄像头，使用同轴电缆或双绞线进行视频的传输，一般视频分辨率为 720×576 或以下。数字高清潜望镜使用高清数字摄像头，通过有线或者无线网络方式进行数据的传输，一般视频分辨率为 1920×1080 或以上。数字高清潜望镜因为成像效果好，且方便使用无线进行连接，使用效率高，目前已经成为市面上的主流产品。

无线高清潜望镜，其组成一般包括主控制器、控制杆及延长杆、探头三个部分组成。为了在排水管道内部使用，一般要求探头具备 IP68 的防水等级，成像距离在 30~50m 左右，以下是一款主流的无线高清潜望镜的主要技术参数，仅供参考。

1. 主控制器

采用平板终端，安装 APP 后，即可作为管道潜望镜的主控制器。

主机性能：麒麟 970 处理器（8 核），6G 运行内存，128GB 机身存储，Android8.1.0 系统；6.95 英寸高清屏，屏幕分辨率为 2220×1080 像素。

控制：无线控制；触摸控制调焦变倍、主辅光源亮度、镜头旋转等。

抓图：可快捷抓取、保存缺陷图像。

回放：可浏览、回放视频文件或图片。

文字录入：可通过软键盘录入文字信息，叠加显示并保存在视频画面中。

续航时间：持续工作时长≥8 小时，提供电量指示。

定位：自带 GPS 功能，能够获取当前检测位置。

接口：Type-C 接口。

网络：标配4G物联网卡，流量为50G/每月。
防护：配备专用防护套，可达到IP67防护等级，抗振动，抗跌落。
尺寸：177mm×85mm×7.65mm。
重量：约230g。

2. 摄像探头

适用管径：100～2000mm。
工作温度：-20～50℃。
光源随动：光源可随摄像探头上下转动，向上转动角度为35°；向下转动角度为25°。
照明灯光：采取主辅两组光源设计，其中主光源为10WLED，带有聚光杯，辅助光源为8颗3WLED，为泛光设计，主辅光源独立、无极调节，有效照射距离为1～100m。
图像传感器：彩色1/2.8″逐行扫描CMOS；1920×1080，210万像素。
摄像视角：水平65.1°（广角）2.34°（远视）。
变倍调焦：30倍光学变倍，自动或手动调焦。
灵敏度（最低照度）：0.01lx。
适应性：配备一键自动除雾功能，探头一键居中功能。
防水标准：IP68。
重量：约2kg。

3. 激光测距模块

测距范围：0.2～80m。
测距精度：0.001m。

4. 控制杆

材质：碳纤维材质（抗压性能是普通钢材的10倍）。
标准杆：标配一根标准杆。嵌套式伸缩设计，线缆内穿设计，强力固定关节，全部伸展后总长为4.8m。
延长杆：标配2根延长杆。单根延长杆收缩后0.8m，伸展后长1.5m。快速连接设计，最长可加长至25m。

5.3.3 探测方法

管道潜望镜只能检测管内水面以上的情况，管内水位越深，可视的空间越小，能发现的问题也就越少，故管内水位不宜大于管径的1/2。光照的距离一般能达到30～40m，一侧有效的观察距离大约仅为20～30m，通过两侧的检测便能对管道内部情况进行了解，所以检测管道长度不宜大于50m。

光源不足时，检测图像偏暗，管段远景则呈现黑色不可见画面；镜头沾有泥浆、水沫或其他杂物时，所成图像有大小不一的黑块，容易与管道缺陷相混淆；镜头进入水中时，显示图像很模糊，由于水的折射作用和流动性图像严重变形。管段充满雾气时，图像虚化，无法辨别管道缺陷；检测时，当外界因素影响不能保证影像资料的质量，或者现场的条件导致检测工作无法进行时，应中止检测，待排除故障或条件许可时再继续进行检测。

检测时，将镜头摆放在管口并对准被检测管道的延伸方向，镜头中心应保持在被检测管道圆周中心（水位低于管道直径1/3位置或无水时）或位于管道圆周中心的上部（水位不超过管道直径1/2位置时），调节镜头清晰度，根据管道的实际情况，对灯光亮度进行必要的调节，对管道内部的状况进行拍摄。

拍摄管道内部状况时通过拉伸镜头的焦距，连续、清晰地记录镜头能够捕捉的最大长度，如果变焦过快看不清楚管道状况，容易晃过缺陷，造成缺陷遗漏；当发现缺陷后，镜头对准缺陷调节焦距直至清晰显示时保持静止10s以上，给准确判读留有充分的资料。

5.3.4 探测成果

现场记录表是管道检测工作过程现场见证的记录资料，也是影像资料的补充，应该真实、完整地进行填写。现场检测完毕后，应由相关人员对检测资料进行复核并签名确认。对各种缺陷、特殊结构和检测状况应作详细判读和记录，并应按表5.2-3～表5.2-5的格式填写现场记录表。

5.4 管道胶囊检测

针对城市地下排水管网隐患普查难、有水难测、检测设备贵且维护成本高等问题，为了实现快速、大规模、经济化的排水管网病害检测，排水管道胶囊检测系统（管道胶囊机器人）应运而生。管道胶囊机器人的创新点主要包括以下四个方面：

1. 无动力漂流

随水流动的无动力设计，可连续检测数公里的管道，相对于CCTV机器人等检测方法，具有操作简单方便、检测迅速、单次检测范围大等优点。

2. 高精度自主定位

管道胶囊检测系统集成了惯导、磁力计和视觉等多种传感器。结合多种传感器数据和管线地图，可以对胶囊的运动轨迹进行定位，实现亚米级的精确定位。

3. 稳定视场视频

采用陀螺电子防抖的技术，消除运动中产生的抖动模糊和旋转带来的视场改变，得到稳定视场的检测视频。另外，针对排水管道中光线不足的情况，采用LED环状多角度光源补充，根据不同的光线环境进行亮度的调节，提供均匀充足的光照亮度，避免视线不均匀和过度曝光的情况发生。

4. 优异的防水性能

胶囊机器人对防水性能要求较高，特别是镜头和充电口处。镜头采用独立防水硅胶圈，充电口采用磁吸结构设计，通信采用WIFI无线通信模式，防水性能优异。除此之外，为适应不同水深环境的漂流作业要求，设置独立结构用于检测胶囊的配重调整。

胶囊机器人的应用定位在填补CCTV管道机器人等传统检测方法不能解决的盲区。首先，检测胶囊能有效解决管道积水的问题。当管道内有水流时，检测胶囊在漂流过程中拍摄管道影像进行检测。

当管道内的水流不足时，在胶囊机器人下部绑定漂浮板，通过牵引线拖拽的方式进行管道检测。其次，检测胶囊体积小、易操作，可以在信息缺失的管段进行检测。只需要在胶囊后端绑定系留绳，当管道内出现淤堵或塌陷时，牵拽系留绳将胶囊收回即可。另外，胶囊机器人也可以解决小管径排水管网检测的难题。凭借其小巧的体积优势，胶囊机器人可以在DN300及以下的管段内进行漂流检测。

5.4.1 技术特点

1. 列阵式协同检测技术

针对DN1500以上特大型管道，在进入管道检测前，将多台胶囊机器人列阵排列，控制每个镜头的视频拍摄范围，自动进行全景图拼接，实现大管径病害检测（图5.4-1）。

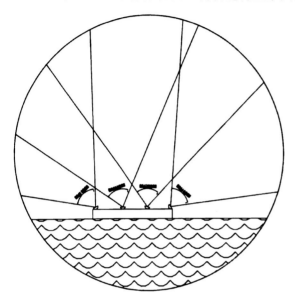

图5.4-1 列阵式协同检测技术控制每个镜头的视频拍摄范围

在图像配准阶段，首先采用改进的加速分割检测特征（Features from Accelerated Segment Test，FAST）方法提取角点，并使用加速鲁棒特征（Speedie-Up Robust Features，SURF）方法计算每个角点的主方向和描述向量；然后对图像进行双向匹配，使用随机KD树搜索查找得到点的两个近似的欧式距离最近的点，以最近距离与次近距离的比率小于一定的阈值来确定点的匹配情况，最后使用随机样板一致性（RANdom SAmple Consensus，RANSAC）方法剔除伪匹配点对，并计算出图像之间的几何变换参数。与传统的尺度不变特征变换（Scale Invariant Features Transform，SIFT）方法和SURF方法相比，列阵式协同检测技术在特征的检测与匹配速度方面均有所提高。实验表明，对于图像之间存在一定程度的旋转、缩放、亮度变化、图像模糊和视角变化等情况能达到较好的配准效果。

在图像合并阶段，通过实验比较了加权平衡和多分辨率融合的效果。针对运动物体和配准偏差造成的鬼影问题，采用基于图切割的最佳缝合线和多分辨率融合获得了较好的融合效果。最后使用上述算法结合捆绑调整方法实现全景图的整体对齐，得到无缝拼接的面全景图。

在实地工程应用中，1500mm以下的排水管网单个胶囊机器人的影响效果均可满足工程化应用。1500mm以上特大型管道，胶囊机器人采用列阵排列方式（表5.4-1）。

胶囊机器人和适用管道管径管线   表5.4-1

排列方式	管径（mm）
单个胶囊机器人	200～1500
列阵式胶囊机器人	1500～3000

2. 图像质量增强技术

排水管道作业环境复杂，管道胶囊在管道中运行，图像质量受光照和运动影响，会产生曝光不足、对焦模糊和运动模糊等问题，需要通过硬件和算法对图像质量进行增强。

根据现有排水管道规格，生活小区排水主要采用直径 300mm、400mm、500mm 及 600mm 的 PVC 塑料管，市政区域排水主要采用直径 500mm、600mm、1000mm 及 2000mm 的 PVC 塑料管或混凝土管。管径的多样性给系统的照明硬件设计增加了复杂度，灯光过强，在小直径管道会出现曝光，灯光过弱，看不到大直径管道管壁。为了解决此问题，管道胶囊针对不同管径定制了多档可调光源，可根据管径配置不同的亮度光源，以保证录像的清晰度。同时，为了保证亮度均匀，采用了多达 6 颗高亮灯珠照明，为了避免多灯珠在中心处形成过曝光斑，对 LED 等的光路进行定制仿真，以实现最佳的灯珠安装角度，保证最好的照明效果。

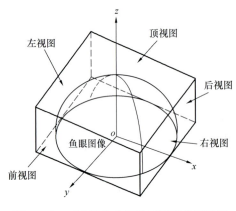

管道胶囊在管道中漂流时，会受到不确定的湍流影响，产生绕重力轴向的旋转和水平方向的摇摆等不规则运动。这些不规则运动最终会造成采集到的检测视频视场晃动严重，质量下降，并使用户感兴趣的管道壁待检测区域不能稳定地存在于图像的一个固定区域。为了消除这些负面影响，系统采用了水平视场角为 360°，垂直视场角为 220°的超广角鱼眼镜头，采集的视频图像为一个半球形（图 5.4-2），同时为了得到稳定视角的检测视频，采用了一种虚拟稳定视场检测视频生成方法，可以获取稳定视场的检测视频，并改善视频的质量。

图 5.4-2　五个视角分别矫正管道鱼眼图像

以五个视角分别矫正管道鱼眼图像，分幅呈现在一张图片内的球面矫正模型，充分展现鱼眼图像的视觉信息，并减少由于球面映射导致的图像畸变，实现图像清晰（图 5.4-3），便于准确诊断。

原鱼眼图像　　　　　　　　**分幅矫正结果**

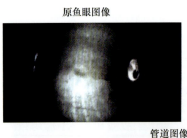

管道图像校正结果

超市图像校正结果

图 5.4-3　图像校正结果比较

3. 视觉与惯导融合自主定位技术

目前，管道检测设备的主流定位方式是采用里程计，但是基于里程计定位方式的爬行类检测机器人除了效率低之外，也无法在半水状态下的地下供排水管网中进行破损检测与定位。另一方面，借助惯性导航定位方式，其误差也会随着时间和距离的累积，精度逐渐降低，而采用高精度的惯性导航将导致成本极高。

排水管道胶囊中含有摄像头和IMU单元，采用视觉惯性里程计（VIO）定位。由于排水管道环境复杂，且胶囊在漂流过程中存在剧烈晃动，若运用传统的VIO，图像特征点难以提取与跟踪，也无法避开传感器时间同步与外部参数标定的问题，算法很难正常工作。为了解决这一问题，系统将视觉惯性里程计设为序列回归问题，采用了基于学习的方法来进行特征提取与跟踪，没有从几何角度建立复杂的数学模型，而是采用了基于CNN-RNN神经网络的视觉惯性里程计定位算法进行位置推算，其模型如图5.4-4所示。通过对定位样板训练数据的采集和学习，CNN-RNN视觉惯性里程计模型能够精确地定位管道胶囊，其定位精度与样本的训练效果和胶囊所采用的IMU单元精度精密相关。

针对漂流相对稳定，管道视觉特征较好的情况，提出基于非线性优化框架视觉与惯性融合的状态估计算法；针对管道环境恶劣，抖动剧烈，图像纹理特征少的情况，提出基于深度学习框架的视频与IMU数据融合估计算法（图5.4-5），实现准确定位。

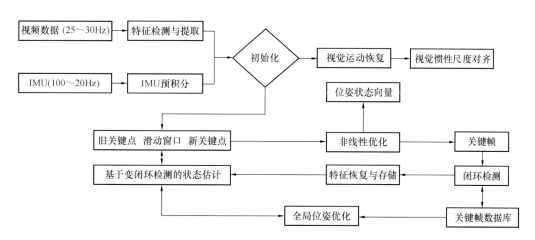

图 5.4-4 基于非线性优化框架视觉与惯性融合的定位方法

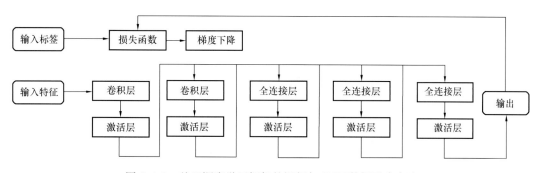

图 5.4-5 基于深度学习框架的视频与IMU数据融合方法

4. 智能病害检测与分析技术

常规的管道病害检测设备主要依赖于人工判读，准确度高，但效率低。为了满足快速、大范围排水管网病害普查的需求，排水管道胶囊系统采用了基于深度卷积网络模型对排水管道的病害进行自动识别和分类（图 5.4-6）。该方法利用大量的管网检测数据，使用残差网络作为骨干网络的深度卷积网络，利用图像级标签区分不同病害和正常图像，并引入了层次分类的方法分层对不同管材的病害进行分类（目前主要区分 PVC 和混凝土材质），以解决不同管材的各种病害类型的发生频率不同而导致的病害训练样本数量不平衡的问题。

首先，使用胶囊设备获取不同材质管线的病害图片，并按照病害类型对其分类；然后，使用基于深度神经网络模型，针对不同管材的病害做层次分类训练；最后，使用训练得到的模型对地下管线病害进行自动识别和分类。

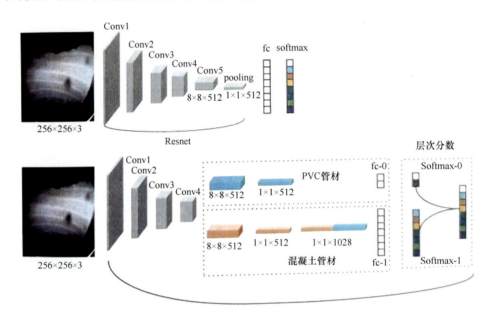

图 5.4-6　用于地下管线病害检测的深度卷积网络

基于深度学习的管道影像病害识别与管理及基于异常检测思维的视频病害检测（图 5.4-7～图 5.4-9），异常对象被定义为那些远离大部分其他对象的对象。该方法是一种无监督学习方法，无需先验知识，无需提前建立病害样本库，显著提高管网病害检测效率及准确率。

5.4.2　技术原理

排水管道检测胶囊（图 5.4-10）是一种全新的排水管网病害的快速检测系统，它集成了低成本高清 CMOS（Complementary Metal-Oxide Semiconductor）相机 9 轴 MEMS（Micro Electro Mechanical System）航姿参考系统，采用无动力设计随水流漂移运动，可实现大范围的管道内部图像数据和胶囊运动数据的快速采集。同时，系统还配备了一套完善的数据后处理软件，进行位置推算和图像处理，通过对积累的大量病害样本数据的训练

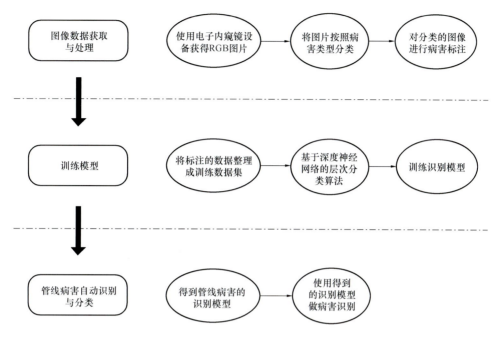

图 5.4-7 基于深度学习的管道影像病害识别与管理

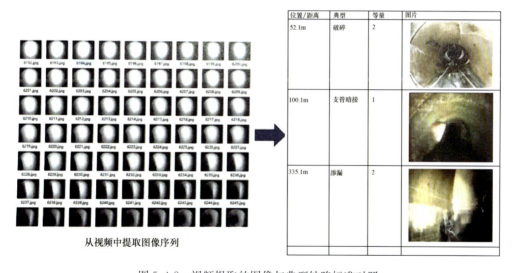

图 5.4-8 视频提取的图像与典型缺陷标准对照

学习,专门设计的图像处理算法可智能化准确地提取出检测视频中的管道病害,并生成精细的管道病害检测报告。

管道检测胶囊的内部带有四个电子模块:定位定姿模块、视频采集模块、集成控制模块和供电模块。定位定姿模块包含了 MEMS 加速设计、陀螺仪、磁力计等传感器,为胶囊提供运动定位和姿态数据;视频采集模块包含了集照明、高清广角/鱼眼数字摄像头的大视角拍照模块,一方面提供管道内壁视觉状态数据,一方面辅助运动估计,进行辅助定位定姿;集成控制模块包含了 ARM 电路板、存储卡和 WIFI 通信模块,可实现与手机终端连接、数据采集控制、数据下载等功能;供电模块由锂电池和电源管理电路组成。

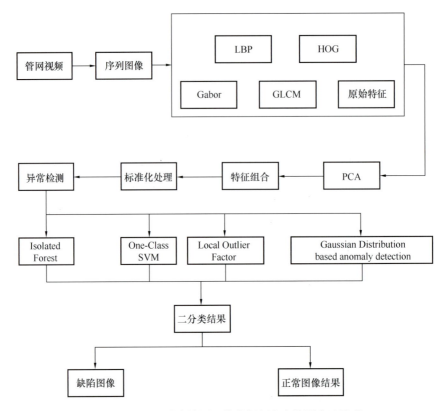

图 5.4-9 基于异常检测思维的视频病害检测方法流程

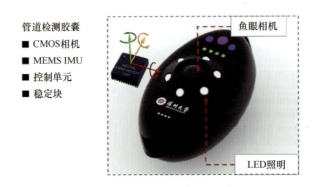

图 5.4-10 排水管道检测胶囊

1. 数据采集流程

系统进行外业数据的采集流程如图 5.4-11 所示。

（1）首先通过 WIFI 与手机端数据采集 APP 软件进行连接，进行作业参数设置，包括：起止管井号、管材、管径、作业位置等。

（2）在待检查管道段上游检查井投放胶囊设备，结合前期物探和测绘数据，以及管道布设图纸，在下游检查井进行胶囊回收。

（3）再次与手机端数据采集 APP 软件连接，通过内置 WIFI 进行数据下载，同时进行视频数据的现场质量检查，并进行初步病害标识。

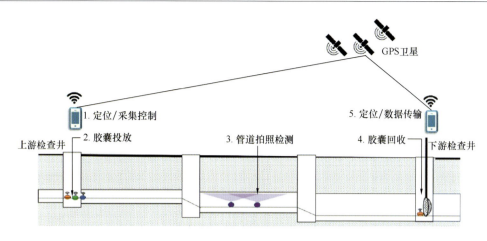

图 5.4-11　数据采集流程

(4) 数据下载完毕后，对胶囊进行初始化，以便于下次作业。

胶囊机器人分为漂流和牵引两种作业方式，根据现场管道内部环境的不同选择不同的作业方式，对于两种作业方式都不满足的复杂环境的管道，作业前应对管道进行预处理，使其达到胶囊机器人作业所需环境，见表 5.4-2。

管道环境和作业方式的选取　　　　　　　　　　　　　　　　表 5.4-2

工况	作业方式
水流满足要求	漂流
水流不满足要求	牵引

为了保证作业中胶囊设备顺利通过待检管道，正式采集作业前，可选择快速验证预判、穿线器串通测试或对管道进行清淤处理等措施，以保障管道内部影像数据的有效采集。

2. 数据处理流程

数据采集完成后，用户可将数据导入系统数据处理软件或者上传至云服务器进行处理（图 5.4-12），具体流程主要分为位置推算和图像处理两个部分（图 5.4-13）。其中位置推

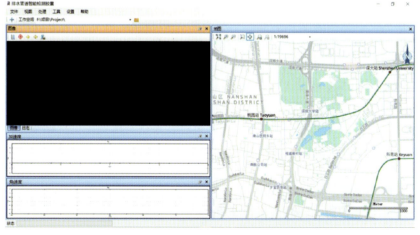

图 5.4-12　云端/后台数据处理软件

算融合了视频、IMU、磁力计等多种数据,采集综合定位方法对管道胶囊的位置进行推算,得到其空间轨迹;图像处理部分对运动图像进行去旋转、去模糊预处理,然后基于图像对病害进行检测。参照行业标准《城镇排水管道检测与评估技术规程》CJJ 181—2012,最终得到符合作业标准的管道病害检测报告,同时也可以和GIS管网系统无缝结合,辅助用户进行管道维修养护决策。

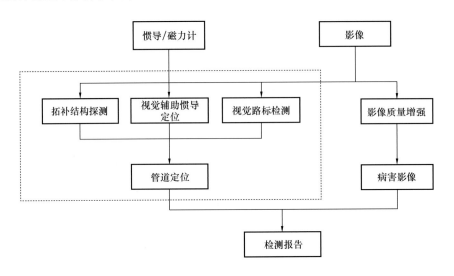

图 5.4-13 数据处理流程

5.4.3 探测方法

1. 检测前准备工作

检测前收集的资料包括:该管线平面图、该管道竣工图等技术资料、已有该管道的检测资料。安全围挡,具体施工位置前后30m处各放置一个安全警示牌,井口处四周5m范围内拉设警示带,做好交通疏导及警示。连接漂浮板和连接绳,固定胶囊式摄像头、漂浮板及连接绳安装成组(图5.4-14)。

2. 安全检查

开井目视水位、积泥深度积水流。核对资料中的管位、管径、管材。通风10min以上;通风机距回风口不得小于10m,杜绝循环风,局扇要指定专人管理,其他人员不准随便停开。保证风机正常运转和有足够的风量。

3. 仪器检查(图5.4-15)

首先要了解设备的工艺流程,检查仪器电量是否充足,摄像头是否有污渍,如有污渍,用干布擦去污物。如果污物很难除去,则可将软布沾有水或中性洗涤剂,充分拧干后轻擦。连接胶囊式摄像头和平板并检测测试仪器。

4. 定位

开机,投放胶囊前进行自动定位。

5. 系统录入管道信息,图像采集帧率等参数

6. 确定选用"漂流"或者"系留"

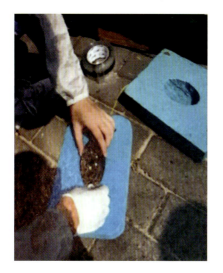

图 5.4-14　将胶囊式摄像头、漂浮板及连接绳安装成组

图 5.4-15　仪器检查

（1）当水流流速在 0.3~0.5m/s 时，可以采用漂流方式。

（2）虽然水流流速小于 0.3m/s，当时现场具备补水条件，通过补水，可以达到 1~5m/s 的流速，可以进行漂流方式。

（3）当水流流速大于 5m/s 时，从后方拖拽牵引绳，使之漂流速度不会过快。

（4）当水流流速小于 0.3m/s 时，可以采用牵引绳拖拽的方式，牵引前行。

当确定选用"漂流"模式的时候，可以跳过以下第"7、8、10"步骤。

7. 穿线器引线穿入管道（图 5.4-16、图 5.4-17）

将穿线器带有滑轮的一端（前端）穿入管道，在管道另一端拉出一小段，然后，将需要进入管道的牵引线穿进穿线器的末端小孔圈，打结绑扎牢固。最后一人拉扯穿线器前端，由另一人在末端慢慢把剩余穿线器送入管道。当拉扯困难时，需要轻轻晃动穿线器。

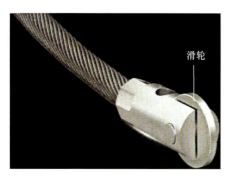

图 5.4-16　穿线器引线穿入管道 1

8. 回收穿线器（图 5.4-18）

穿线器整体从前端拉出后，解除牵引线与穿线器末端连接，将穿线器卷成一卷，以备

下次使用。

图 5.4-17 穿线器引线穿入管道 2

图 5.4-18 回收穿线器

9. 在上游检查井将承载摄像头的漂浮板放入水面

将承载摄像头的漂浮板在上游检查井缓慢送入江口，放入水面（图 5.4-19）。

10. 均匀的拉伸连接绳使漂浮板匀速穿过管道

均匀的拉伸连接绳使漂浮板匀速穿过管道，速度控制在 1～5m/s。

11. 管道视频采集

胶囊式摄像头在穿越管道过程中，自动进行管道视频采集，自动根据光线强弱调整补光 LED 灯的亮度，并进行自动对焦，设备在管道内高精度自动定位。

12. 下游检查井回收胶囊

在下游检查井用专用网兜回收胶囊（图 5.4-20）。

13. 定位

让胶囊式摄像头再次自动定位。

14. 数据下载

再次将胶囊式摄像头与平板连接，下载该段管道的视频数据（图 5.4-21）。

图 5.4-19 在上游检查井将承载摄像头的漂浮板放入水面

15. 检查成果

在平板电脑中检查视频成果，若采集图像清晰，即可满足检测要求，进行下一步操作。若视频未满足要求，即进行"采集控制设置"参数调整，重新进行检测。

16. 数据导入系统

将视频成果数据导入系统。

第 5 章 排水管道病害探查技术

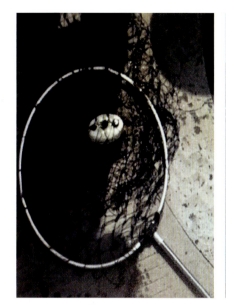 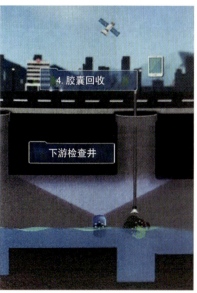

图 5.4-20 下游检查井回收并胶囊

图 5.4-21 数据下载

17. 智能出具检测报告

系统智能出具检测报告。

5.4.4 探测成果

胶囊机器人尺寸小，一般仅为 50mm×50mm×50mm，最小管道进入尺寸仅为 200mm，利用漂流或系留两种检测模式，对有水及无水管道均可进入，可全管道无死角移动，适用性极广。胶囊机器人的应用填补了 CCTV 检测等传统检测方法不能解决的盲

77

区，检测的准确性能高，能更有效地与 CCTV 检测方法形成互补，社会效益显著。探测形成成果示例（图 5.4-22～图 5.4-24）。

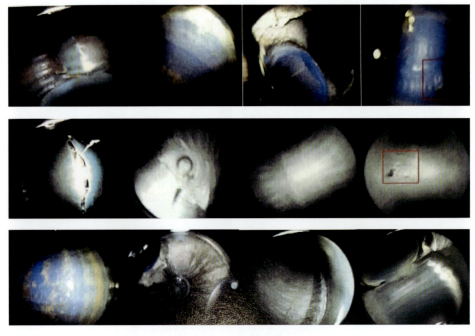

图 5.4-22　排水管视频图像

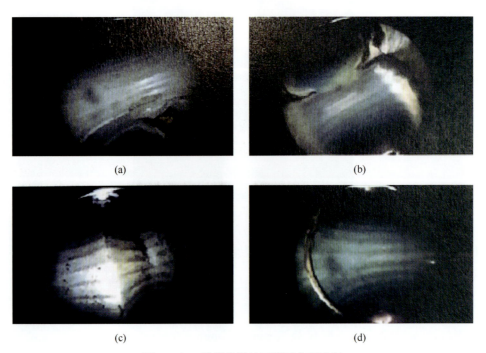

图 5.4-23　胶囊检测地下管网典型病害
（a）管道破裂；（b）管道错口；（c）管道变形；（d）障碍物

第 5 章　排水管道病害探查技术

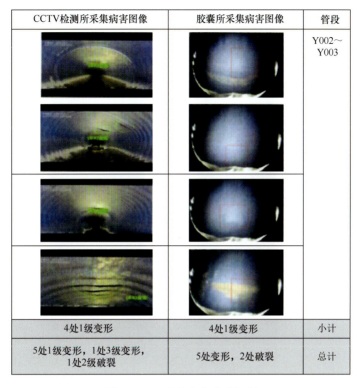

图 5.4-24　病害自主准确识别

5.5　声纳检测技术

排水管道声纳检测技术适用于管道内积水较多，降水困难下的检测。声纳在水中具有灵敏度更高，穿透力强等优点，通过声纳检测，可获得管道内部断面图、二维声纳图像或者三维点云等准确的数据资料，并且可与 CCTV 检测技术相结合对管道进行全面检查，从而知悉管道任意横截面位置处管道的轮廓或者是管道中某处的缺陷图像。

目前多种类型的声纳被广泛应用于管道检测的各个方面。最常见的是单波束扫描声纳、多波束图像声纳、侧扫声纳以及具备三维点云数据输出的三维声纳。随着声纳技术和软件应用技术的发展，排水管道声纳检测技术日趋成熟，通过声纳检测获取的排水管道水下信息逐渐丰富。声纳检测一般用于以下检测工作：

（1）管道的淤积、变形、破损、暗接、接口错位等运行状况的检测；
（2）管道排水不畅导致的满水、积水原因调查；
（3）管道带水清疏作业的检验验收；
（4）满水管道的暗井摸排；
（5）排江、排河的排水口逆向溯源；
（6）满水管道中因破损导致的管道外部空洞检测；
（7）查明满水检查井中管道走向、淤积、管口掩埋情况；
（8）绘制大型排水管涵水下三维点云模型；

（9）摸排暗涵水下排口位置。

5.5.1 技术特点

目前，根据管道声纳检测需求和管内水位情况，相配套的设备共有三种类型，分别是：无动力漂浮式声纳检测设备、带动力水面航行式声纳检测设备、带动力水下航行式声纳检测设备。

1. 无动力漂浮式声纳检测设备

无动力漂浮式声纳检测设备主要搭载的是单波束扫描声纳，主要工作方式是在管道内顺着水流漂浮或者以人工牵引（图5.5-1）。通常情况下，为了得到稳定的声纳检测数据，一般使用人工牵引的方式进行检测。该类型设备的主要优点是，声纳检测设备主体由声纳探头与漂浮筏体组成，设计简单可靠。其缺点是，人工牵引的工作方式的效率不高。在大部分的工况下，需要借助高压清洗喷头对待检测管道进行预穿牵引绳。

图5.5-1 无动力漂浮式声纳检测设备

2. 带动力水面航行式声纳检测设备

带动力水面航行式声纳检测设备可根据需求搭载多种类型的声纳探头（图5.5-2、图5.5-3），主要工作方式是通过设备自带的推动力在水面航行，可以做到水上CCTV检测和水下声纳检测同步。在水流流速较急的情况下，也可以借助人工牵引的方式稳定设备，获得更加稳定的声纳数据。该类型设备的主要优点是，设备自带推进动力，可实现距离更长的管道声纳检测。同时，对比漂浮式声纳检测设备，操作流程得到简化，检测工作效率极高。其缺点是，无法适用于满水管道和高流速管道的声纳检测需求。

图5.5-2 水中螺旋推进方式　　　　图5.5-3 空气风力推进方式

3. 带动力的水下航行式声纳检测设备

带动力的水下航行式声纳检测设备也根据需求搭载多种类型的声纳头（图5.5-4、图5.5-5），与水面航行式声纳检测设备唯一的区别是该类型设备可以潜入满水管道中，既

第 5 章 排水管道病害探查技术

图 5.5-4 水中螺旋推进潜航式　　图 5.5-5 水中多推进器潜航式

可以浮在水面也可以悬浮在管道中间位置工作，解决了少部分管道检测过程中满水管道声纳检测难题。该类型设备的主要优点是，自带推进动力，可实现满水管道的声纳检测，并且有着极高的检测效率。其缺点是，因为工作在水下，在管道中无法获取清晰的视频数据。

5.5.2 技术原理

声纳的英文名字是 Sonar（Sound Navigation and Ranging，声导航和测距），是依靠声波进行观察和测量的设备。对比光、电磁波等探测手段，声波在水中有着极强的穿透能力，传播中的衰减也小得很多。低频的声纳甚至可以穿透水泥、岩石等。

当前在排水管道声纳检测中，最多使用的是机械扫描式声纳。这种声纳（图 5.5-6 和图 5.5-7）由机械驱动的一组换能器组成，它按照设计的一定步进角度向周围发射一束一束的声波脉冲，通常是 360°的扫描范围，因此也叫"单波束扫描声纳"。在管道中使用时，用来扫描管道内壁，返回的声纳数据形成管道截面图（图 5.5-8 和图 5.5-9）。在检测过程中，就是根据声纳数据形成的管道截面图来检测管道的淤积、变形、破损、暗接等运行状态的。

图 5.5-6 单波束声纳探头 831A　　图 5.5-7 国产小型单波束声纳探头

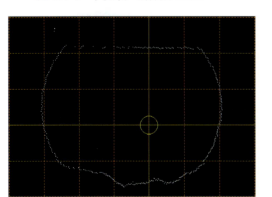
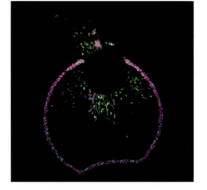

图 5.5-8 831A 管道截面数据　　图 5.5-9 国产声纳管道截面数据

其他类型的声纳,如多波束成像声纳、侧扫声纳、三维声纳等,随着声纳技术的升级,成本的下降,也逐渐被应用到管道检测中,为管道声纳检测提供了更丰富的水下信息。成像声纳的声纳图像可以像摄像头一样,提供水下目标物清晰的图像(图5.5-10~图5.5-12),为管道检测和评估提供了可靠依据。

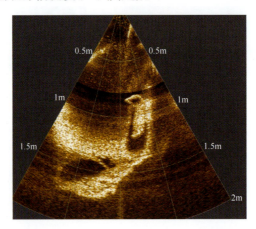

图5.5-10 满水检查井中掩埋一半的管口

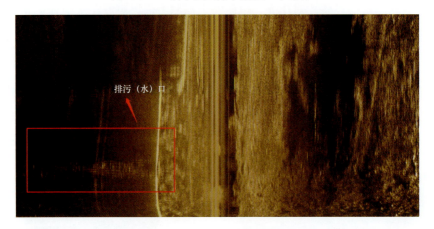

图5.5-11 河道的排河口

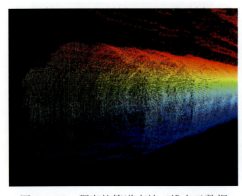

图5.5-12 稠密的管道声纳三维点云数据

5.5.3 探测方法

声纳检测的范围是排水管道内水下的部分,声纳对排水管道进行检测过程中,排水管道中水位越高越能全面地反映排水管道内部的情况。声纳检测时,将检测仪的探头放入水中,向水中发射声波。在此过程中,要求声纳信号发射设备淹没在水下,否则无法正常的发射声波。声纳信号发射设备本身拥有一定的体积,要求将该装置完全放置于水中,被水淹没,故管道内水深应至少为

300mm。同时，管道内的水深越大，声纳检测反应的管道信息也就越多。

声纳检测过程中，随着探头不断前行，发射声波，回收声波，以判断排水管道状况。当声纳探头受阻无法正常前行时，声纳探头发射的声波只能得到某一段管道的检测数据，无法进一步了解更多的管道信息，此时，必须中止检测，排水故障，探头可以正常前行时，再重新开始检测。

声纳检测时，排水管道中固体悬浮物过多，探头发出的声波会被这些异物缠绕或遮盖，声波受到干扰或直接被遮盖导致其无法正常到达排水管壁，管壁的形状和距离得不到反馈，无法显示完整的检测断面。

声纳通过探头的倾斜和旋转不断快速地扫描管道内壁，以得到管道内部的图象。声纳探头倾斜角度不在声纳检测仪器规定的范围之内，超过了自动补偿的范围，将导致检测图像无法正确定向，形状和相对位置会出现错误的显示。

声波在水中的传播速度为 1500m/s。根据水温、压力和含盐度的不同，声波在水中的实际传播速度也不同。如果声速增加，则图像变宽。如果声速减小，则图像收缩。一种简易的校准系统的方法是使用 300mm 直径的垂直边的圆桶。从被检测管道进入桶中的水，然后将检测仪的传感器的一端立在桶的中央。使用圆形工具覆盖，并设置管径与实际的桶的直径（使用直尺进行精确测量）相对应。从系统控制对话框中设置检测仪的属性。调整声速配置同时调整声纳图像上的圆形内沿与圆桶相吻合。

声纳探头的承载工具一般漂浮在水面上，对承载工具的要求是自身稳定、平衡性好、不影响声波发射和接收，探头放射部位超过漂浮器边缘会引起倾斜，声纳探头的位置处采用镂空的漂浮器避免声波受阻的做法目前在国内外被普遍采用并取得良好效果，见图 5.5-13、图 5.5-14。

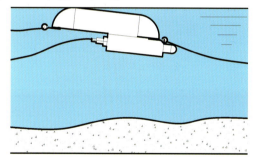

图 5.5-13 探头放射部位超过漂浮器边缘会引起倾斜

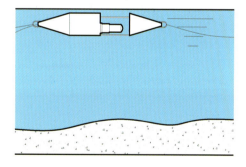

图 5.5-14 镂空的漂浮器

根据管径的不同，应按表 5.5-1 选择不同的脉冲宽度。

脉冲宽度选择标准　　　　　　　　表 5.5-1

管径范围（mm）	脉冲宽度（μs）	管径范围（mm）	脉冲宽度（μs）
300～500	4	1500～2000	16
500～1000	8	2000～3000	20
1000～1500	12		

探头行进速度不宜超过 0.1m/s。在检测过程中应根据被检测管道的规格，在规定采

样间隔和管道变异处探头应停止行进，定点采集数据，停顿时间应大于一个扫描周期。

声纳主要用于管道沉积状况的检查，在进行管道的其他检查时，根据工程实践，采样点的间距为2m，一般情况下可以完整地反映管段的沉积状况。当遇到污泥堵塞等异常情况时，则应加密采样。

5.5.4 探测成果

现场记录表是管道检测工作过程现场见证的记录资料，也是影像资料的补充，应该真实、完整地进行填写。现场检测完毕后，应由相关人员对检测资料进行复核并签名确认。根据实践，声纳用于管道沉积状况的检查时，可以获得沉积图像（图5.5-15和图5.5-16）并可绘制出排水管道沉积状况纵断面图参见图5.5-17。

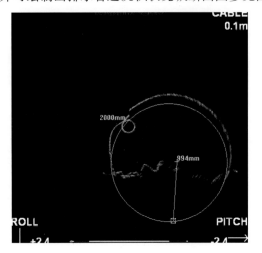 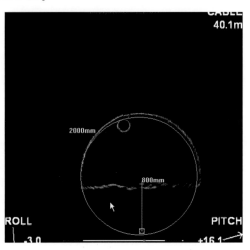

图5.5-15　0.1m处沉积3级　　　　　图5.5-16　40.1m处沉积3级

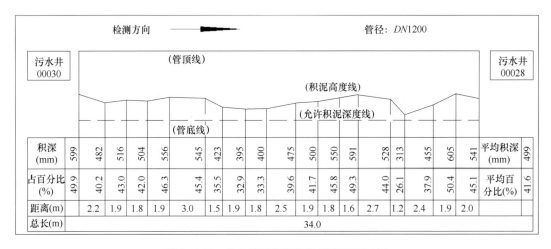

图5.5-17　排水管道沉积状况纵断面图示例

声纳检测除了能够提供专业的扫描图像对管道断面进行量化外，还能结合计算确定管道淤积程度、淤泥体积、淤积位置，计算清淤工程量。这种方法用于检测管道内部过水断面，从而了解管道功能性缺陷。声纳检测的优势在于可不断流进行检测，不足之处在于其仅能检测水面以下的管道状况，不能检测管道的裂缝等细节的结构性问题，故声纳轮廓图不应作为结构性缺陷的最终评判依据。

5.6 激光检测技术

激光检测又称激光剖面检测（LASER PROFILE），可以对排水管道的挠度、变形、椭圆度和横截面积的变化进行准确地量化测量，避免人为误差。这种测试方法也写入了北美的管道缺陷识别和评估标准 PACP7.0.3-2018 Pipeline Assessment Certification Program。

激光剖面检测仪可用于评估管壁恶化程度（管壁厚度的损失），为后续的修复方案提供帮助。

5.6.1 技术特点

1. LASER500—激光环检测（图 5.6-1）

图 5.6-1 LASER500—激光环检测仪

（1）管径不大于 800mm 时，将激光器应固定在爬行器上，使镜头可以看到管道上的激光圈为限。管径大于 800mm 时，应采用爬行器拖拽激光器支架的方式，进行管道激光检测。

（2）管道激光检测前，需要对激光器做视频标定，标定视角和尺寸。

（3）在视频录制前，需要关闭灯光，并且主控器视频画面上能看到管道内壁上的完整激光圈，激光圈约占屏幕的 3/4 画面。

（4）检测时镜头应在管道的中轴线上，偏离度不应大于管径的 10%，在使用拖载的激光支架时，应使激光器在管道的中轴线上，偏离度不应大于管径的 10%。

2. 激光直接测量

直接测量法精度高，解析简单直观，但由于受镜头旋转速度限制，要保证足够的数据采样，爬行器需停机测量，沿管线方向只能定点或间隔获取横截面数据，三维建模存在一定误差。激光直接测量适用于管径测量范围为 200～1200mm，精度为 0.5%。

3. 主要技术指标

激光发生器应坚固、抗压、密封良好，并与电视检测系统完全兼容，可快速、牢固地安装在电视检测系统摄像头的前方和方便拆卸。激光检测系统一般与闭路电视系统同步使用，其技术要求应符合表 5.6-1 的规定。

激光检测系统主要技术指标要求 表 5.6-1

项目	技术指标
激光发生器	功率≤1mW，波长 620～680nm 的可见激光束
管径检测范围	150～2400mm
测量精度	管径的 0.5%，或者 1mm（最高精度）
测量频度	每秒≥4500 个测量值
连续工作时间	≥8h

5.6.2 技术原理

1. 激光环法

激光剖面检测技术是在管道内窥检测系统（CCTV）的爬行器上安装一个激光发生器。激光发生器将激光投射到管道的内部表面，并生成与管道内轮廓完全相同的激光环（图 5.6-2）。要确保激光图像在管道内窥检测系统（CCTV）的视角内，激光发生器随爬行器在管道内移动时，激光环也同步移动，激光环形状随管道内轮廓的变化而变化，通过摄像头将激光环的形状和变化用视频记录下来。

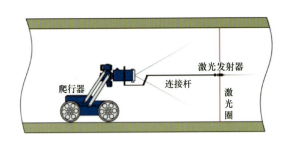
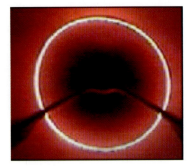

图 5.6-2 激光剖面检测仪工作示意图

2. 激光直接测量法

随着激光测量技术的迅速发展，激光测距单元的精度越来越高、体积越来越小，将激光测距仪装配在摄像头，通过镜头旋转直接测量镜头距管内壁圆周上各点的精确数值，通过软件计算管道截面变化量（图 5.6-3、图 5.6-4）。

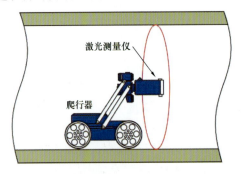
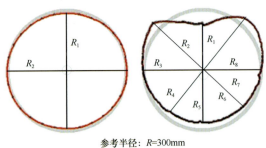

图 5.6-3 直接测量法测量管道截面示意图　　图 5.6-4 直接测量法测量管道横截面

5.6.3 探测方法

(1) 采用激光环法时,激光剖面仪的使用和安装应满足下列要求:
1) 激光剖面仪应与 CCTV 摄像头在管道中心的同一轴线上;
2) 激光图像应在摄像头视野内,并占 3/4 左右画面;
3) 用标准尺对图像尺寸进行标定;
4) 摄像头复位后,激光画面清晰显示后,不进行变焦和旋转操作;
5) 爬行器行走速度不大于 0.15m/s。

(2) 采用激光直接测量法(图 5.6-5)。

图 5.6-5　KS135 直接测量仪

1) 通过集成在摄像头中的激光二极管实现管道剖面测量。激光二极管将激光点投射到内管壁上,摄像头旋转,通过三角测量计算测量直径及其所有变化。这种方法被称为"旋转激光"激光管道仿形技术。

2) 与软件配合使用,全面扫描生成管道分析报告。

3) 详细操作:在进入管道的过程中,该系统用于执行常规 CCTV 视频检查,以及测量所有管接缝宽度。此外,可以在任何时候进行单独的激光测量,以确定管道的实际直径和偏差,这些直径和挠度测量值将成为检验报告的一部分。

4) 在管道中行走过程,系统对整个管道进行"旋转激光"扫描。摄像头垂直于管壁,并以设定速度旋转。通过三角定位测量,扫描软件连续计算精确的管道直径和管道剖面中的所有偏差和变形。

5.6.4 探测成果

1. 激光环法

激光环法使用专用软件对视频中每一帧的激光圈进行解算比对,并关联爬行器行走距离,建模生成管道三维图形和沿管道方向坐标各点的截面形状、尺寸和变形量(图 5.6-6)。

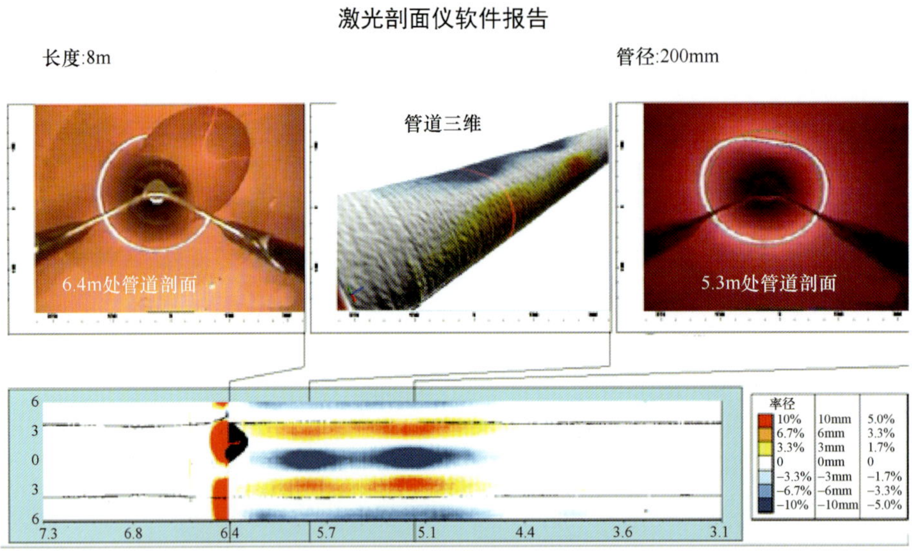

图 5.6-6 激光剖面仪软件报告示意图

2. 激光直接测量法

激光扫描软件可以即时生成二维和三维图形。这些图形显示管道平均直径和偏差（图 5.6-7）。

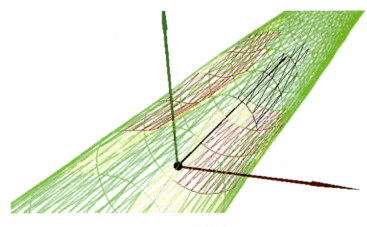

图 5.6-7 软件图示

5.7 电法测漏检测技术

5.7.1 技术特点

（1）厘米级定位泄漏点。

（2）直观，操作简单，没有季节和时间限制。

（3）可以检测多种管径、多种材质的管道。

(4) 准备工作少,限制条件少,对管道无损伤。

5.7.2 技术原理

电法测漏仪由主控制器、电缆盘、水下探头、接地电极四部分构成,探头置于管道内部连续移动,通过实时采集监测电流值的曲线变化来分析定位管道漏点。其工作原理为:管道内壁为绝缘材料,对电流来说表现为高阻抗,管道内的水和埋设管道的大地为低阻抗。当电法测漏仪工作时,探头在管道内匀速前进。当管道内壁完好时,接地电极和探头电极之间的阻抗很大,电流很小;当管道内壁存在缺陷时,电极之间存在低阻抗通路,电极之间的电流因此增加。当电法测漏仪工作时,探头在管道内匀速前进,通过接地电极和探头电极之间电流的变化,判断漏点纵横裂缝长度及管口脱开等情况,电法测漏仪工作原理见图 5.7-1。根据仪器自带测距仪以及电流信号,即可判断漏点位置及具体渗漏情况。

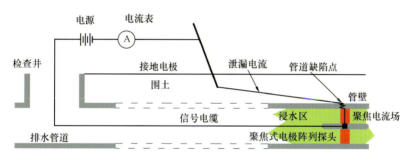

图 5.7-1 电法测漏法工作原理图

5.7.3 探测方法

管道内壁材料对电流来说应表现为高阻抗,非金属管或者包有绝缘材料的金属管道都应是电的不良导体,在管道结构状况完好的情况下保障电流值在较低的区间范围内。故采用电法测漏仪检测管道时,被检测管道应为非金属管道或包有绝缘材料的金属管道。

电法测漏仪检测的必要条件是管道内应有足够的水深,管道漏点检测的范围即为充满水体的部分。300mm 的水深是设备淹没在水下的最低要求。

探头的推进方向与水流方向一致时受到的阻力最小,便于检测工作的开展,同时还有利于探头的中轴线与管道的中轴线平行,有利于准确测算探头行进的具体位置,故规定"宜与水流方向一致"。

不同地区的土质、岩层等管道外环境各不相同,在检测之前,应首先调节电法测漏仪的电流值,使其处于合适的范围内,保持检测到的电流值稳定有利于检测结果的判读。

由于探头的电场形成于探头中部,因此探头检测的起始位置应设置在管口,即将探头的中部与管口对齐,同时将计数器归零。如果管道检测中途停止后需继续检测,则距离应该与中止前距离保存一致,不应重新将计数器归零。

如果受限于实际工作环境而导致探头摆放位置不佳时,可以通过设置偏移值来对初始位置进行调整。

在遇到检查井较深或水体浑浊等视线被遮蔽的情况下，往往无法准确的将探头放置于准确位置。此种情况下，可以将检测曲线整体增减一个偏移量，保持起始位置与实际管口位置一致。

探头推进时，应保持适宜的速度。总体要求是缓慢均匀地行进。探头行进过快会导致采样值的丢失，从而影响到检测精度。

5.7.4 探测成果

电法检测除了能够提供渗漏位置外，还能够判断渗漏点的级别，评价管道的破损程度，为后续修复提供依据。这种方法适用于水位较深的管道，优势在于可以连续不间断地对管道进行检测，而且能够对检测结果直观展示，而缺点在于非常依赖于水位，对于水面上的管道部分渗漏情况无法检测到。因此，还需要配合电视检测方法来达到最佳检测效果。如某工程电法测漏检测结果与电视检测结果对比如图 5.7-2 所示。

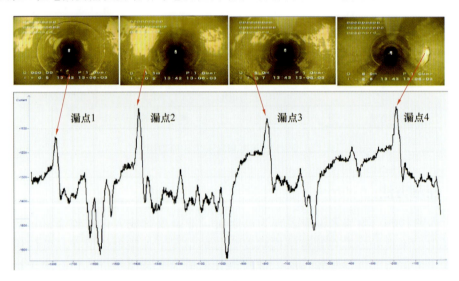

图 5.7-2 电法测漏仪与 CCTV 检测结果对比

5.8 管中雷达检测技术

传统的地质雷达检测方式通过在地面布设测线，对地下病害进行检测。但受限于地质雷达的物理特性，无法兼顾检测深度与检测分辨率，进而导致地质雷达对地下病害的检测要么检测深度不够，要么检测的分辨率不高（无法分辨较小尺寸的地下病害，如小尺寸的脱空和空洞等）。管中雷达的检测思路由此提出。

管中雷达（图 5.8-1）主要针对由于城市雨污排水管道破损而在管道周边形成的病害体进行检测。管中雷达的检测思路从地下病害形成的源头（破损的排水管道）出发，避免了从地面对地下病害进行检测时对检测深度的要求。另一方面，对检测深度要求的降低，可以选用较高频率的天线以提高检测的分辨率。高分辨率地质雷达检测不仅可以提高检测

第 5 章 排水管道病害探查技术

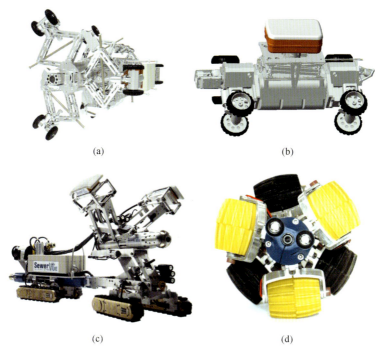

图 5.8-1 管中雷达探测设备

结果的清晰度和雷达图谱解译的可信度，也能检测出较小的脱空或空洞，发现隐患于"萌芽"阶段，以达到尽早预防的效果。

5.8.1 技术特点

（1）管中雷达探测时宜满足下列条件：

1）被探测管道内水位不宜大于管道直径的 20%。当管道内水位不符合要求时，探测前应对管道实施封堵、导流，使管道内水位满足探测要求。

2）被探测管道内淤积面不宜高于管道直径的 20%。当管道内淤积面不符合要求时，探测前应对管道实施疏通、清洗，使管道内淤积满足探测要求。

3）管中雷达探测范围内不宜存在大范围高导电屏蔽层或较强的电磁干扰。

（2）管中雷达探测设备具有如下的主要功能：

1）对管道周边土壤富水异常进行探测。

2）对管道周边土质疏松异常进行探测。

3）对管道周边脱空进行探测。

4）对管道周边空洞进行探测。

5）其他特殊用途。

5.8.2 技术原理

管中雷达的探测原理与传统地质雷达的探测原理相同，都是通过向介质中发射一定频率的电磁波，电磁波在不同介质的分界面上（两介质之间的介电常数 ε_1、ε_2 存在明显差异）产生反射。当城市地下雨污排水管道因破损而导致外水内流或内水外流时，水含量的变化会改变破损区域土壤的介电常数，使之与周围土壤的介电常数形成明显差异。当地质雷达的电磁信号传播到此区域时，会在雷达图中形成强烈反射。依据雷达图谱中的不同反射强度、反射样式、反射波的相位变化以及反射信号传播时间，可以判断管道周边的病害类型，位置和大小等信息。

针对管中雷达的应用情景，土壤介质介电常数的标定可以采用下列方法：

（1）确定管道周边病害体对应的地面位置，从地面钻孔取芯取样，进行介电常数标定。

（2）利用已知距离目标体的反射，来反算波速 v 和传播介质的介电常数 ε。例如当已知深度的管道反射在雷达图中清晰呈现时，就可以根据此已知深度，来反算雷达信号在地面与管道之间介质中传播的速度，并进一步计算介质的介电常数。

（3）其他介电常数标定方法。

常见地下介质种类及其相对介电常数可以参照表5.8-1。

常见地下介质种类及其相对介电常数　　　　表 5.8-1

介质	相对介电常数	介质	相对介电常数
空气	1	湿黏土	15
淡水	81	沥青（干燥）	2～4
海水	70	沥青（潮湿）	10～20
干沙	2.6	混凝土（干燥）	4～10
湿沙	25	混凝土（潮湿）	10～20
干沃土	2.5	花岗石（湿）	7
湿沃土	19	石灰岩（湿）	8
干黏土	2.4		

5.8.3 探测方法

工程现场对管道进行地质雷达探测的基本步骤和内容包括：

（1）设立施工围栏和安全标示，必要时可按相关部门指示，封闭道路后再作业；

（2）打开检查井盖，对被探测管道进行强制通风；

（3）进行有毒、有害气体探测，在确认被探测管道和井内无有毒、有害气体后方可开展探测工作；

（4）对管道进行预处理，如封堵、吸污、清洗、抽水等；

（5）在地面对管中雷达探测设备进行连接调试；

（6）管中雷达探测设备下井；

（7）对管道进行探测（图5.8-2），并同时对雷达图进行初步判读，对发现的反射异常区域应记录在现场记录表中；

（8）对介电常数进行标定；

第 5 章 排水管道病害探查技术

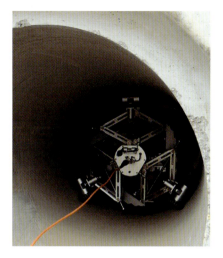

图 5.8-2 管中雷达探测设备在管道中工作

(9) 探测完成后，及时对设备进行清理和保养；
(10) 进行内业图谱判读并完成评估报告；
(11) 如有必要，对报告中的反射异常区域进行返工详查。

5.8.4 探测成果

管中雷达探测设备从管道中对周边常见病害体进行探测的典型雷达反射图谱可参见表 5.8-2。表 5.8-2 中所有雷达图均为管中雷达探测设备在管道内部沿轴向进行探测时所获得，雷达图中红色虚线为地质雷达直达波，即管内壁的位置。

管道周边病害及其典型反射图谱　　　　　　　　表 5.8-2

雷达图谱	病害类型	解释说明
	土质疏松	管道周边土质疏松在雷达图中形成的无规律、杂乱反射波形

续表

雷达图谱	病害类型	解释说明
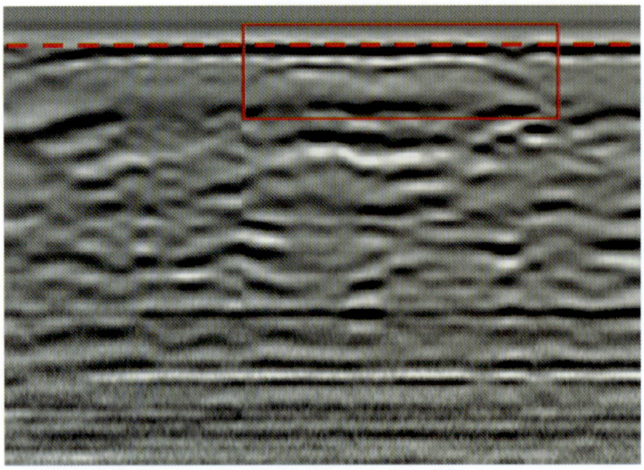	脱空	紧贴管道外壁的脱空在雷达图中形成的连续强反射
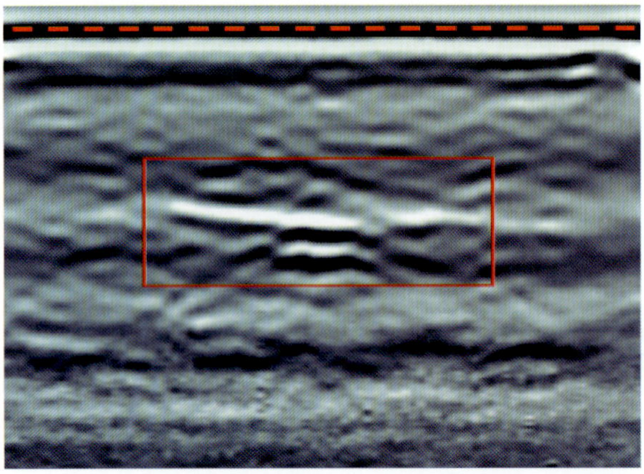	脱空	管道周边脱空在雷达图中形成的连续强反射
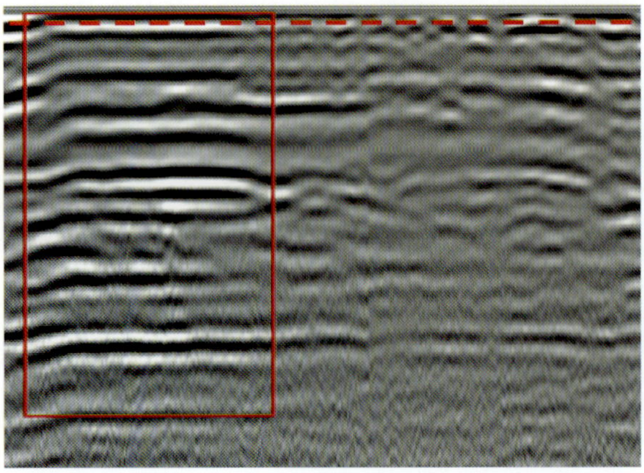	脱空	管道外部的大范围脱空在雷达图中形成的多次强反射

续表

雷达图谱	病害类型	解释说明
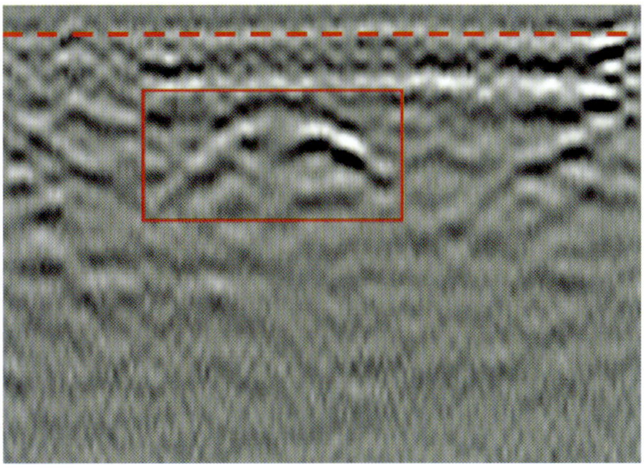	空洞	紧贴管道外壁的独立球形空洞在雷达图中形成的弧形反射
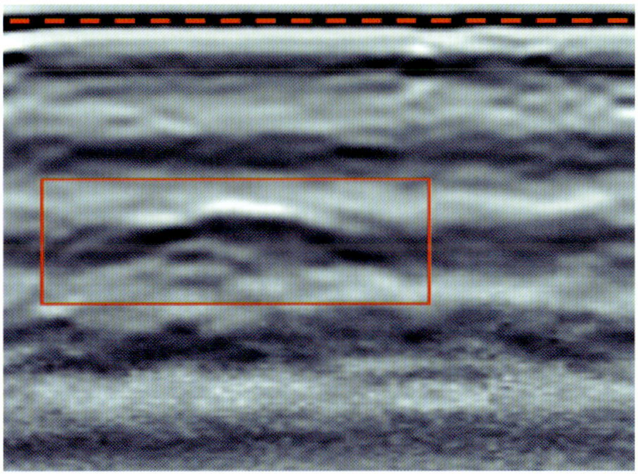	空洞	管道周边的独立球形空洞在雷达图中形成的弧形反射

第6章 压力管道病害探查技术

6.1 概述

城市市政埋地管网中压力管道主要包括燃气管网、供水管网或其他工业园区的化学、动力等带压管网,其中,考虑不同类型管网对道路塌陷形成影响,重点是供水管道病害问题,须要指出的是,供水管道渗漏是供水管道的主要病害,也是造成道路塌陷的主要原因之一,因此,加强对压力管道尤其是供水管网渗漏控制是解决道路塌陷问题的关键。目前,供水管网漏水探测的基本任务是快速、准确地找到地下供水管网漏水点,以便及时采取措施封堵漏点,降低漏水损耗。经过多年的应用研究与实践,供水管道漏水探测技术与仪器设备发展迅速,应用也越来越普遍,而且取得了显著效果,目前国内外应用的供水管网漏水探测技术方法见表 6.1-1,其中流量和压力法主要是用于确定探测区域,漏水点还主要是通过探测漏水声音定位,噪声法、听音法和相关法都可以归类为声音定位法。这几种方法也是本文着重介绍的探测方法。

常用漏水探测方法的适用范围 表 6.1-1

方法名称		工作方法	特 点	适用范围
流量法		利用流量仪在供水管网的特定管道点监测并分析供水流量的变化	操作较复杂而繁琐	适用于区域测漏,可确定漏水点的大致范围
压力法		利用压力计在供水管网的特定管道点监测并分析供水压力的变化	操作较复杂而繁琐	适用于区域测漏,可确定一定范围内漏水点的大致位置
噪声法		利用仪器对某一供水区域的管道进行监测,并记录、分析监测的声音	操作较复杂而繁琐	适用于区域测漏,可确定一定范围内漏水点的大致位置
听音法	阀栓听音法	用听音杆或听漏仪直接在管道暴露点(如消火栓、阀门及暴露的管道等)听测由漏水点产生的漏水声音	操作简便,要求听音者要具有识别漏水声音的经验。易受车辆、行人或机械等噪声干扰	适用于漏水普查,可查找漏水的线索和范围,对漏水点进行预定位
	地面听音法	用听音杆或听漏仪沿着漏水管道走向以一定间距逐点听测由漏水点产生的漏水声并进行比较	操作简便,要求听音者要具有识别漏水声音的经验。在漏水异常点处需加密测点反复听测。易受车辆、行人或机械等噪声干扰	适用于漏水普查,可在预定位基础上,或已知漏水管道后,精确定漏水管段上的漏水点

续表

方法名称		工作方法	特 点	适用范围
听音法	钻孔听音法	利用听音杆或听漏仪借助钻孔直接接触管体听测由漏水点产生的漏水声	操作简便，要求听音者要具有识别漏水声音的经验。易受车辆、行人或机械等噪声干扰	适用于地面听音法或其他方式确定漏水异常后的漏水点精确定位
相关分析法		通过装设在泄漏管段两端的传感器接收漏水所产生的连续的不规则振动声音，根据两传感器间的距离、声音到达的时间差、振动音传播速度等数据进行相关计算	操作简便，两相关传感器间距有一定要求。易受环境噪声干扰	适用于寻找疑难漏水点，以及漏水点精确定位
管道内窥法		利用管道内窥摄像系统，连续、实时记录管道内壁的实况	操作较为简便，结果实时、直观、准确。但操作时应有避免造成水质污染的措施	适用于漏水点的精确定位。宜作为漏水探测的辅助手段
探地雷达法		借助地质雷达仪器，利用管道漏水导致物性条件发生变化而间接探测漏水点位置	操作简便，要求具有较高的资料分析解释能力和水平。易受电磁干扰	适用于疑难漏水点定位。宜作为漏水探测的辅助手段
地表温度测量法		借助精密温度测量仪器，利用漏水的温度与周围土壤温度的差异特征，探测发现漏水点	操作简便，易受环境温度影响	适用于疑难漏水点定位。宜作为漏水探测的辅助手段
气体示踪法		将一定浓度的易检测气体充入管道内，在管道上方地面通过仪器检测从管道泄漏点逸出的气体浓度	需要将待测管道断水并排空管内余水，且对示踪气体的选择、使用有较高要求	适用于疑难漏水点的精确定位。宜作为漏水探测的辅助手段

下面简要介绍下其他辅助的漏水探测技术和方法。

(1) 探地雷达法

探地雷达法可以通过探测因管道漏水引起的地下脱空而确定地下供水管道漏水部位，图 6.1-1 为在某城市检测路基时发现地下脱空之后，确认因地下供水管道漏水引起路基脱空病害的实例。注意：该雷达图像走向为平行地下管道走向。

(2) 地表温度测量法

地表温度测量法探测地下供水管道漏水，因漏水引起的温度差异较小，而且受天气、日照等因素影响较大，应用本方法时除选择适当的温度测量仪器外，要通过试验确定探测时间。图 6.1-2 为利用地表温度测量法确定地下供水管道漏水部位的实例，经验证图中 21.5℃温度等值线闭合圈即为漏水部位。

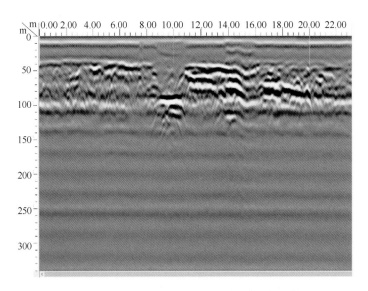

图 6.1-1 探地雷达法探测地下管道漏水图像

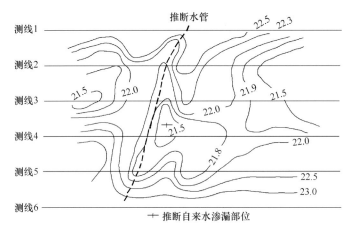

图 6.1-2 地表温度测量法圈定地下自来水管道漏水点

（3）气体示踪法

气体示踪法作为查找地下供水管道漏水点的方法，需要相应的示踪剂，因此这种方法应用并不普及，但是探测效果比较明显。目前供水使用的示踪剂一般为氢气，其无色、无味、无毒，且氢气的分子具有体积小、质量轻、向上游离的特点，而且穿透力较强，能够穿透水泥、沥青路面等。目前可供使用检测氢气的仪器种类也较多。

地下管道因漏水而导致周围介质物理性质发生改变，因而为应用更多的物探方法探测漏水点提供了条件，如：电阻率法、自然电位法、湿度测量法在一定条件下可以用于探测漏水点。所以，在实际中可以根据实际条件和试验来选择使用更多、有效的探测方法，提高探测效果，保证探测质量。

漏水探测工作的四个步骤："探测准备、探测作业、成果检验和成果报告"。图 6.1-3 为城镇地下供水管道漏水探测的工作流程。

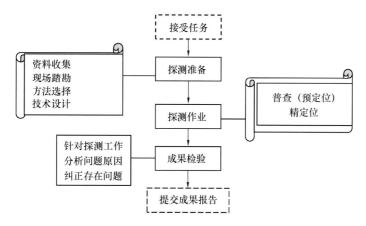

图 6.1-3 漏水探测工作流程

供水管道漏水探测为间接确定漏水点的过程，目前有效的技术方法多为物理探测手段，每一种方法都具有其局限性和条件适应性，所以在实施时应注意充分利用已有的管道和供水信息的各种相关资料，包括管径、管材、埋深、埋设年代、水压和流量等，以提高探测功效和成果的可靠程度。因此探测准备阶段尤为重要，要完成资料收集、现场踏勘、探测方法试验，是保证探测顺利进行的重要基础。实地调查供水管道现状，核实已有供水管道资料的可利用程度，查看管道腐蚀和附属设施的破损与漏水情况，供水管道附近地下排水管道中的水流变化情况及相关工作条件等；条件复杂情况下单一方法难以达到探测效果时，应考虑采用两种或两种以上方法相互校核，以保证探测效果。

根据目前地球物理方法的探测能力，按照探测确定异常点平面位置误差不大于目标体埋深的±10%，按地下供水管道最大埋深10m推算，探测确定地下供水管道漏水点的最大平面位置误差为±1m。漏水点定位误差为±1m，漏水点定位准确率为90%。这一数据也是近年来我国探测成果验收的一项通用的基本指标。

6.2 流量法

流量法适用于判断探测区域是否发生漏水，确定漏水异常发生的范围；还可用于评价其他方法的漏水探测效果。单管进水的流量测量区域或除主要进水管外其他与区外连接管道的阀门均可严密关闭的地区可采用区域装表法，而居民小区或夜间用水较少区域的供水管道漏水探测可采用区域测流法，并且要求探测区域内及其边界处的管道阀门均能关闭，每个探测区域管道长度宜为2～3km或居民为2000～5000户。

流量法可以掌握地域的漏水存在量，它是进行漏水调查的基础。分两方面内容：一方面确定漏水目标防治量；另一方面，确定漏水探测优先次序。还可通过漏水量的评估，评价其他相关方法探测漏水的效果。

目前国内绝大部分网状供水，形成封闭供水区域，需要关闭阀门，安装水表；相对来说，效率较低，费用较高，难度较大。因而，应结合供水管道实际条件，设定流量测量区域（District Metering Area，DMA）。流量测量区域实施时，探测区域内及其边界处的管道阀门均应能有效关闭。

流量法的实施是一个长期坚持的过程，特别是建立一个可靠准确的反映供水系统实际情况水量平衡系统，流量法可根据需要选择区域测流法、区域测流法。

流量法的流量仪表可采用机械水表、电磁流量计、超声流量计或插入式涡轮流量计等，其计量精度应符合现行行业标准《城镇供水管网漏损控制及评定标准》CJJ 92 的有关规定。

6.2.1 流量法的基本实施步骤

（1）在分析管网资料的基础上，根据漏水控制目标以及采用的方法技术，制定流量实施方案；

（2）现场踏勘，完成流量测量区域（DMA）的建立。包括用户（含大用户）数量统计分析核对、确定边界范围、选择水表安装位置、水表大小、压力变化、阀门情况等；

（3）流量测量及数据传输；

（4）流量数据对比分析，确定下步工作方案。

6.2.2 区域装表法

单管进水的区域应在区域进水管段安装计量水表（图 6.2-1）。

多管进水的区域采用本法时，除主要进水管外其他与本区域外连接管道的阀门均应严密关闭。主要进水管段均应安装计量水表。

原理：在进入该小区的水管中安装水表，在流出的水管中也安装水表，在同一时间跨度内对流入、流出和小区内的用户水表进行抄表，满足：$Q_入 - Q_出 - Q_{用户} = Q_{漏损}$。

即：$\dfrac{Q_{漏损}}{Q_入 - Q_出} \leqslant 5\%$ 时，可不再进行漏水探测；

$\dfrac{Q_{漏损}}{Q_入 - Q_出} > 5\%$ 时，可判断为有漏水异常，并应采用听音法、相关分析法等其他方法探测漏水点。

注：5%——是引用《城镇供水管网漏水探测技术规程》CJJ 159—2011 的有关规定。

特别说明：为了减少装表和提高检测精度，测定期间该供水区域宜采用单管或两个管进水，其余与外区联系的阀门均关闭。

区域装表法安装在进水管上的计量水表要求：

（1）能连续记录累计量；

（2）满足区域内用水高峰时的最大流量；

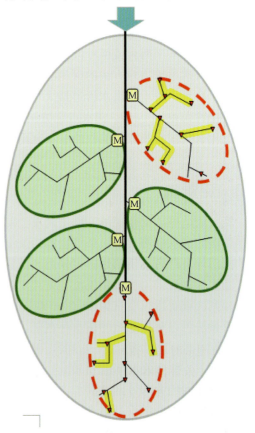

图 6.2-1 区域装表法

(3) 小流量时有较高计量精度。

6.2.3 区域测流法

区域测流法是一种能同时测出漏水量和漏水点范围的检漏方法，即通过分段地操作阀门和记录旁通水表瞬时流量计算出漏水量，同时把漏水点缩小到两个阀门之间。

区域测流法的基本要求：
(1) 探测区域内无屋顶水箱、蓄水设备；
(2) 夜间用水较少区域。

流量测量区域要求（任选其一）：
(1) 区域内的管道长度为 2～3km；
(2) 区域内居民为 2000～5000 户。

区域测流法又可分为直接测流法与间接测流法两种，也称"水平衡测试法"。

直接测流法就是在测定时除了关闭所有进入该区的库闸门（不包括测漏表）外，并关闭所有用户水表潜在进水闸门，这样测得的流量就是此时该区内管道的漏水量。

间接区域测流法（夜间最小流量法）就是在测定时，原则上关闭所有进入该区内的闸门（不包括测漏表），不关闭用户的进水闸门，这时，测得的流量为管网漏水量、用户最小用水量和少量大用户用水量，通过分析，估算出用户夜间最小用水量，剔除大用户的用水量，从而得出该区漏水量（图 6.2-2）。即：漏水量＝夜间最小流量（实测）－夜间背景流量（估算）－大用户用水量（抄表）。

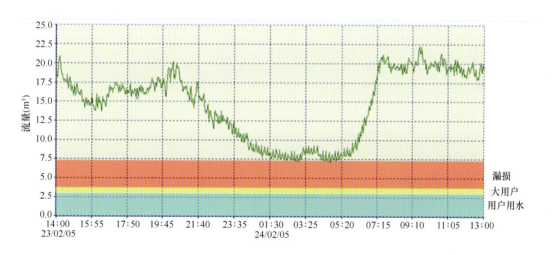

图 6.2-2 夜间最小流量

适合测量时段：夜间 0：00～4：00，用户用水量最小时间段。

保留一条管径不小于 50mm 的管道进水，在进水管道上安装可连续测量的流量仪表（精度必须达到 1 级表），原则上，关闭其他所有进入探测区域管道上的阀门，保证区域的完整性与独立性。

测定一段时间后，水表所测得的最低流量可视为该流量区域管网的漏水量或近似漏水量。

当单位管长流量大于 1.0m³/（km·h）时，可判断为有漏水异常。

单位管长流量为测区内管道长度 L（单位 km）与水表测得最小流量 $Q_{最小}$（单位 m³/h），即 $\frac{Q_{最小}}{L}$。

为寻找漏水管段，可采用关闭区内某些管段的阀门的方法，对比阀门关闭前后的流量，若关阀后流量仪表的单位流量明显减少，则表明该管段存在漏水，可再用听音法或其他方法，探测漏水点位置。

注：1.0m³/（km·h）——是引用《城镇供水管网漏水探测技术规程》CJJ 159—2011 的有关规定

6.2.4 新仪器新软件

目前，很多的仪器厂家针对流量法推出了智能化数据采集（脉冲发生器、脉冲计数器、数据采集器等）与传输设备以及相应的分析软件，为流量法的实施及测评起到了事半功倍的效果，真正实现从检漏到控漏的转变。针对自来水公司，新建小区或开发区应安装以 GPRS 或 GSM 为传输手段的流量监控系统。

流量法数据无线传输设备具有下列特点：

（1）宜采用 GSM/GPRS 无线远传方式传输数据，也可采用无线电或数据线定期下载方式；

（2）具有数据采集、存储和传输功能；

（3）可连接模拟传感器或数字传感器；

（4）具备不少于二个信号传输通道；

（5）可设定各通道的数据采集时间、传输时间、传输方式等；

（6）可设定各通道的报警值和报警目的站；

（7）适应一定的温度、湿度、电磁干扰等环境条件。

流量法数据分析软件具有下列特点：

（1）数据查询功能；

（2）数字、图形等数据显示功能；

（3）数据统计分析功能；

（4）数据库管理功能；

（5）数据输出功能；

（6）偏离正常值报警及报警设定功能。

6.3 压力法

压力法是采用压力表来探测供水管道泄漏的方法，适合于所有管道探测，把压力表安装在管道测试点上，来探测该区域压力变化，从而判断该区域是否存在漏水。压力法其应用前提是存在管道压力坡降，否则不宜采用此法。

应用压力法探测供水管道泄漏时，最好选择能代表某区域的压力测试点，如测压点或消火栓等位置，当压力降低时（如平时压力为 0.3MPa，某天降至 0.2MPa），就可以判断该测压区域有漏水发生。

(1) 由于漏水量与管道压力呈指数规律变化,所以当供水管道发生漏水时,漏点区域的管网压力会随之降低。因此压力法可以判断供水管道是否漏水发生,并确定漏水发生范围,起到漏水点预定位的目的。

(2) 弹簧管式压力表的精度等级,是以允许误差占压力表量程的百分率来表示的,一般分为0.5、1、1.5、2、2.5、3、4七个等级,数值越小,其精度越高。例如,表盘量程0~1.5MPa、精度1.5级的压力表,它的指针所示压力值与被测介质的实际压力值之间的允许误差,不得超过上限1.5MPa×1.5‰=±0.0225MPa;当压力表指示压力为0.8MPa时,实际气压在0.7775~0.8225MPa。所以,为使测试结果准确,压力法使用的压力计量仪表精度应优于1.5级。

(3) 供水管道压力测试点的选取原则是既要反映真实供水管网的整个压力分布情况,又要有均匀合理的布局,使每个压力测试点都能代表附近区域管网的水压情况。因此压力测试点最好布设在已有压力测试点上,或根据管网条件布设在消火栓上,并统一编号。

(4) 为准确计算管段理论压力坡降和绘制理论压力坡降曲线,需要测定每一个压力测试点的高程,把高程压力加进去,并根据供水管道输水和用水条件计算探测管段的理论压力坡降,绘制理论压力坡降曲线。

(5) 在压力测试点上安装压力计量仪表时,应排尽压力计量仪表前的管内空气,这是为了保证测试的压力准确。同时应保证计量压力仪表与管道连接处不得漏水。

(6) 压力法探测时,由于用水高峰期管网压力波动较大,测试的效果不好,所以应避开用水高峰期,选择供水管道压力相对稳定的时段观测记录各测试点管道供水压力值。

(7) 由于理论压力坡降曲线加进了测试点的高程,所以实测也要考虑高程压力,最好把各测试点实测的管道供水压力值换算为绝对压力值,并绘制沿管段的实测压力坡降曲线。

绝对压力值的换算按式(6.3-1)进行:

$$P_a = P + P_t \tag{6.3-1}$$

式中　P_a——绝对压力值(MPa);

　　　P——压力测试点的大气压(MPa);

　　　P_t——测试的压力值(MPa)。

注:当供水管道所处地形较平坦时,P值可以忽略。

(8) 压力法判定管段发生漏水及确定漏水异常范围的方法是通过对比管段实测压力坡降曲线和理论压力坡降曲线的差异判定是否发生漏水。当某测试点的压力值突变,且压力低于理论压力值时,可判定该测试点附近为漏水异常区域。

应用案例:

图6.3-1是某个区域供水管网示意图,由一路供水,并安装压力流量计,来监测该区域的漏水情况。

图6.3-2是压力监测曲线图,接近3月10日压力突然下降,说明该区域有漏水发生。在该区域采用听音法和相关分析法定位四处漏水点,见图6.3-3。

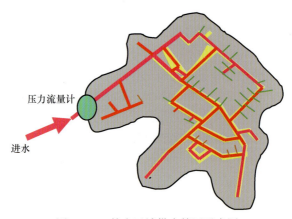

图 6.3-1　某个区域供水管网示意图

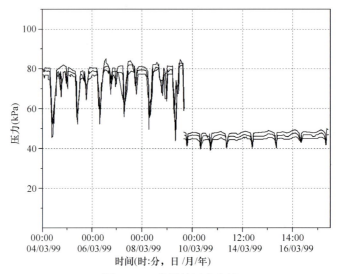

图 6.3-2　监测的压力曲线

图 6.3-3　漏水现场图

6.4 噪声法

噪声法（Leak Noise Logging Method）是利用相应的仪器设备，在一定时间内自动监测、记录地下供水管道漏水声音，并通过统计分析其强度、频率，间接推断漏水异常管段的方法。

噪声法应用需要有符合记录噪声的监测点，并且监测点不应有持续的干扰噪声。

噪声法通过噪声记录仪记录供水管道的漏水噪声并统计分析其强度和频率，从而进行供水管道漏水监测以及漏水点的预定位（图 6.4-1）。噪声法的测量和统计分析参数主要为漏水噪声的强度和频率。

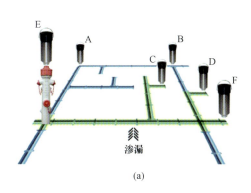
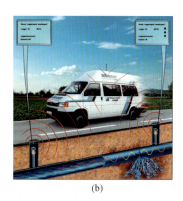

(a)　　　　　　　　　　　　　　(b)

图 6.4-1　噪声记录仪记录供水管道的漏水噪声

噪声法目前所使用的设备一般包括噪声记录仪（Noise Logger）、数据接收机和数据分析软件等。

(1) 噪声记录仪（Noise Logger）

噪声记录仪是在管道上连续采集、记录漏水噪声的强度和频率数据，并传输至接收机和电脑进行噪声数据统计分析的漏水探测设备，在记录时间内，噪声记录仪按照设定的时间间隔连续记录漏水噪声的强度和频率。

噪声记录仪（图 6.4-2）一般由磁铁吸附单元、压电传感器单元、信号处理单元、无线电数据传输单元（或/和GPRS/GSM 远传单元）和锂电池电源单元等几部分组成；其主要功能包括：接收来自于接收机的参数设置指令，以特定时间间隔采集漏水噪声数据，数据存储，数据的分析和统计，采用无线电方式（或/和 GPRS/GSM 无线网络远传方式）将数据传输到数据接收机。

图 6.4-2　噪声记录仪

(2) 数据接收机

数据接收机（图 6.4-3）的主要功能包括：以无线电方式现场接收并显示噪声记录仪

的检测数据,将检测数据传输到 PC 机的数据分析软件中。

数据接收机一般带有初步分析功能,可在现场数据接收过程中显示"漏水"或"不漏水"的检测结果。需要注意的是,初步分析结果具有较大局限性,仅宜作为参考,不宜作为最终检测结果。

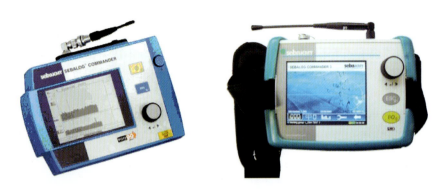

图 6.4-3　数据接收机

(3) 数据分析软件

数据分析软件(图 6.4-4)用于在 PC 机上显示和分析噪声数据。应根据数据分析软件的统计分析结果,最终确认噪声法检测结果。

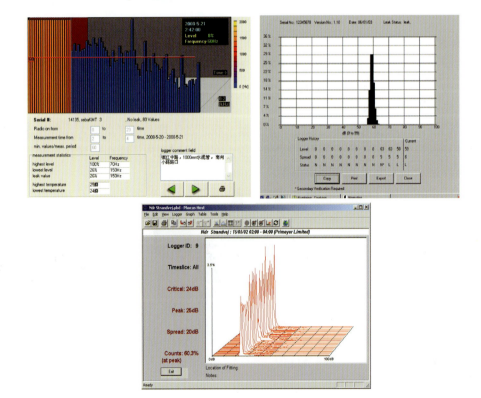

图 6.4-4　数据分析软件

不同型号的漏水噪声检测设备的工作原理基本相同，测量参数和数据分析方法各不相同，宜根据测量参数分别采用相应的数据分析方法。

6.4.1 适用范围

噪声法可用于两种用途：漏水监测和漏水点预定位（漏水管段定位）。

（1）噪声法的一个主要用途是长期性的漏水监测，作为供水管网管理和维护工具，用于漏水和爆管多发管段和重要管段的漏点监测及爆管预警。应用实践证明，噪声法用于长期性的漏水监测，能够及时而有效地发现供水管网的漏水异常；通过纵向数据对比，能够监控漏点的发展变化，有效避免爆管现象的发生。

（2）噪声法的另一个主要用途是漏水点预定位（漏水管段定位）。漏水探测的基本流程一般采用由面到点的方法：采用流量法和（或）压力法确定漏水异常区域，采用噪声法确定漏水异常管段，采用听音法等方法确定漏水异常点。噪声法宜在流量法或（和）压力法之后，用于漏水异常区域，来确定漏水异常管段。应用实践证明，噪声法用于漏水点预定位，通过横向数据对比，能够确定漏点所在的管段，能够确定漏点的相对大小。

噪声法与阀栓听音法都可用于漏水点的预定位，但两者的功能和用途存在较大差异，不宜将噪声法等同于阀栓听音法。噪声法采用长时间测量、记录漏水噪声并对记录噪声的强度和频率数据进行统计的方法来分析漏水异常的可能性，探测结果不依赖于操作者的听音经验，并降低了探测结果的偶然性，2000年以来逐渐成为主要的漏水预定位方法。

6.4.2 工作方式

噪声法可采用固定和移动两种设置方式。当用于长期性的漏水监测与预警时，噪声记录仪宜采用固定设置方式；当用于对供水管道进行漏水点预定位时，宜采用移动设置方式。

噪声法的两种工作方式对应其两种用途。

（1）固定方式：一般应用于对漏水和爆管多发管段、重要管段的长期监测。采用固定方式时，数据接收间隔宜为2～3天，并与历史数据进行比较，及时分析漏水及爆管发生的可能性。

（2）移动方式：一般应用于对供水管道进行分区检测，实现漏水管段预定位。还可用于特殊漏点的查找，包括：塑料管道漏点、柔性胶圈接口管道漏点、低频率漏点、低强度漏点等。采用移动方式时，对无明确探测结论的数据宜进行复测。

6.4.3 噪声检测点的布设基本原则

噪声检测点的布设应满足能够记录到探测区域内管道漏水产生噪声的要求。检测点不应有持续的干扰噪声。

噪声法属于声波探测法的一种，应满足管材、阀栓分布密度及环境干扰噪声等应用条件。采用噪声法应具备下列条件：

（1）供水管道的阀栓分布密度适用于噪声法。不满足表6.4-1规定的供水管道不适用于噪声法。

（2）噪声记录仪的布设间距应符合表6.4-1而设间距的规定，应能够记录到探测区域内的漏水噪声。

直管段上的噪声记录仪的最大布设间距（单位：m）　　表 6.4-1

管材	最大布设间距
钢	200
灰口铸铁	150
水泥	100
球墨铸铁	80
塑料	60

（3）检测点不存在阀栓漏水、环境噪声等持续性干扰噪声。噪声记录仪记录的噪声是漏水噪声和干扰噪声的叠加噪声，采集的信号中除漏水噪声之外，也包含着阀栓漏水、环境噪声等持续性干扰噪声以及用水声、交通噪声等非持续性干扰噪声。噪声法采用统计方法分析噪声数据，非持续性干扰噪声对漏水噪声数据分析影响较小，不会改变分析结果，而持续性干扰噪声对漏水噪声数据分析影响较大，甚至可改变分析结果。因此，检测点应不存在阀栓漏水、环境噪声等持续性干扰噪声，在检测时应选择合理的检测时段和检测点，避开持续性干扰噪声。

6.4.4 噪声记录仪应具备的基本性能

噪声记录仪的基本性能要求如下。

（1）噪声记录仪应具有足够的灵敏度和频响范围。"灵敏度不应低于1dB"是基本要求，目前市场上的噪声记录仪均能符合该项要求。此外，噪声记录仪的频响范围应不低于0～2000Hz，以保证噪声记录仪可检测到低中高各种频率的漏水噪声信号，能够用于各种管材的漏水探测。

（2）噪声法的数据分析方法采用统计方法，单项参数无法保证统计和分析结果的可信度。噪声记录仪"应能够记录两种以上的噪声参数"，以便于正确进行数据分析。目前市场上的噪声记录仪均能符合该项要求。

（3）噪声记录仪的性能稳定性和重复性是噪声法的基础。只有所有噪声记录仪均能达到"性能稳定、测定结果重复性好"，才能保证正确的探测结果和数据对比结果。因此，在探测前必须进行噪声记录仪的检验和校准。

（4）噪声记录仪工作于有水的环境中，应具有相当的防水标准，以免内部进水造成元器件损坏，影响噪声记录仪的寿命和正常性。噪声记录仪应达到IP68防护等级标准，从而实现防水和防止灰尘侵入的目标。

6.4.5 噪声记录仪检验和校准的内容和周期

按照《城镇供水管网漏水探测技术规程》CJJ 159—2011，噪声记录仪的检验和校准应符合下列规定：

（1）钟应在探测前设置为同一时刻；

（2）灵敏度应保持一致，允许偏差应小于10%；

（3）当采用移动设置方式探测时，应在每次探测前进行检验和校准；

(4) 采用固定设置方式探测时,应定期检验和校准。

同步的时间、一致的灵敏度和正常的通信性能是噪声记录仪探测的基本条件,检验和校准时钟是为了保证所有噪声记录仪能够同步采集和记录噪声数据,检验和校准灵敏度是为了保证噪声数据的一致性和可比性。

应用实践表明,时钟和灵敏度是决定噪声记录仪性能稳定和重复性的两项关键参数,各个噪声记录仪的时钟和灵敏度不一致是噪声法探测失败的主要原因。

噪声记录仪设置的工作参数具有时效性,超过有效时间,其内部时钟将紊乱,若各个噪声记录仪在不同时间段采集和记录噪声数据,则噪声数据缺乏一致性和可比性。

灵敏度不一致的主要原因在于内部的压电传感器破裂或破损,导致灵敏度降低,此时需要更换压电传感器。检验噪声记录仪灵敏度的方法是,将所有噪声记录仪置于同一地点同一环境进行连续3~5天的监测和数据对比,检验数据不一致的噪声记录仪不得用于漏水探测。

采用临时检测方式时应在每次检测前进行检验和校准;采用连续监测方式时应定期检验和校准,间隔不宜超过3个月。

6.4.6 噪声法探测的基本程序

采用噪声法探测漏水应按下列基本程序进行:
(1) 设计噪声记录仪的布设地点;
(2) 设置噪声记录仪的工作参数;
(3) 布设噪声记录仪;
(4) 接收并分析噪声数据;
(5) 确定漏水异常区域或管段。

6.4.7 探测方法

1. 设计噪声记录仪的布设地点

根据现场踏勘结果和阀栓分布情况,在探测区域供水管道图上合理标注噪声记录仪布设地点和编号。

探测前应搜集探测区域的1:1000或1:500比例尺的管线图和相关的管线资料,应包括管线分布、阀栓分布、管材、管径、接口方式、水压等管线信息和基本的地形地貌信息。

2. 噪声记录仪的布设间距

按照《城镇供水管网漏水探测技术规程》CJJ 159—2011第6.2.2条,应根据被探测管道的管材、管径等情况确定噪声记录仪的布设间距。噪声记录仪的布设间距应符合下列规定:
(1) 应随管径的增大而相应递减;
(2) 应随水压的降低而相应递减;
(3) 应随接头、三通等管件的增多而相应递减;
(4) 当噪声法用于漏点探测预定位时,还应根据阀栓密度进行加密测量,并相应地减小噪声记录仪的布设间距;

(5) 直管段上的噪声记录仪的最大布设间距不应超过表 6.4-1 的规定。

噪声记录仪的分布密度应合理经济，还要兼顾探测有效性和探测效率。

布设间距主要取决于管材，其次应考虑管径、水压、管件、接口、分支管道、埋设环境等因素，以便于比较噪声记录仪的噪声强度和频率。噪声记录仪的最大布设间距为实践经验推荐值，参照英国、德国、日本等仪器厂家提供的标准制定。

考虑到噪声法用噪声记录仪采集单个管道点的声波数据，而相关分析法需用两个传感器同时采集两个管道点的声波数据，故噪声记录仪的布设间距可大于相关仪传感器，直管段上的噪声记录仪的最大布设间距可大于两种方法共用之表 6.4-1 的规定。

除表 6.4-1 的规定外，当分支点处存在多个阀栓时，噪声记录仪宜安装于干管阀栓；噪声记录仪不宜安装于管道末端或进户管的阀栓；当两个噪声记录仪之间的管段具有两个及以上分支管道时，最大安装间距应减半；目标管道埋设于软土环境时，宜相应地减小噪声记录仪的安装间距。

3. 噪声记录仪布设的基本要求

按照《城镇供水管网漏水探测技术规程》CJJ 159—2011，第 6.2.3 条规定了噪声记录仪的布设要求：

(1) 宜布设在检查井中的供水管道、阀门、水表、消火栓等管件的金属部分；
(2) 宜布设于分支点的干管阀栓；
(3) 实际布设信息应在管网图上标注；
(4) 管道和管件表面应清洁；
(5) 噪声记录仪应处于竖直状态。

噪声记录仪采用压电传感器接收漏水声波振动，采用磁铁底座与金属管体或磁性金属管件进行紧密接触，故应布设在管件的金属部分。

噪声记录仪的分布密度应合理经济，应能控制尽可能多的管段和尽可能长的探测距离，并能够有效记录管道上可能的漏水噪声。布设于分支点的干管阀栓可控制尽可能多的管段和尽可能长的探测距离。

应在管网图上标注实际布设信息，应注明各个噪声记录仪的编号、安装地点、管材、管径、探测时间等信息。在探测记录中宜注明所有噪声记录仪的安装信息，包括：探测区域，探测日期，探测人员，所有噪声记录仪的编号、安装地点、阀栓类型、放置状态、管材、管径、水压、备注信息等。

安装点应进行除泥、除锈等处理，磁铁底座与管道接触点之间应没有泥土或碎片，保证噪声记录仪的磁铁底座稳定地吸附在金属管件上；底座磁铁应与噪声记录仪保持紧密接触，以保证声音振动信号的耦合效果。

由于噪声记录仪采用压电式加速度传感器，应在管道安装点上保持竖直状态，并应保证噪声记录仪、磁铁底座与管道金属部分的良好接触。

宜在噪声记录仪上悬挂或粘贴信息标记，注明噪声记录仪的用途、注意事项、联系电话等，防止噪声记录仪被错误利用或移动位置。

设计的安装点存在阀栓漏水或调压阀、无法开启井盖、不适宜安装等情况时，可将噪声记录仪调整到邻近合适的地下阀栓，并在管线草图上标出改动后的安装地点。

4. 噪声法的测量参数设置

按照《城镇供水管网漏水探测技术规程》CJJ 159—2011 第 6.2.5 条规定：探测前应选定测量噪声强度和噪声频率等参数，并应在所选定的时段内连续记录。

不同的噪声记录仪可选择的噪声测量参数不同，实际工作中应根据所使用的仪器进行选择。

（1）测量时间：应避开存在连续性干扰噪声的时段，宜选择在环境干扰噪声和用水较少的夜间。测量时间宜设置为夜间 2:00～4:00；在满足干扰噪声远远低于漏水噪声的条件下，可设置在其他时间段。

（2）测量时长：宜设置为 2h，不得少于 1h。

（3）记录天数：根据探测目的选择所需的记录天数，采用移动工作方式时记录天数宜为 2～3 天。

（4）噪声的记录数量：宜选择最大样点数。

（5）时钟设置：所有噪声记录仪的时钟应设置为同一时刻，日期应设置为同一天。时钟设置非常关键，很多情况下，出现的无法解释、无法理喻的噪声探测数据，往往是由于噪声记录仪的时钟紊乱产生的。

（6）漏水报警极限值设置：宜根据所用仪器型号的灵敏度、测量方法、响应特性以及目标管道的管材和方法试验结果，将漏水报警极限值设置在合理水平。所有噪声记录仪的漏水报警极限值应设置在同一水平。

漏水报警极限值（Leak Threshold）：在噪声记录仪和接收机中预先设定的噪声强度和噪声频率的报漏起点值，噪声数据达到该值后即显示“漏水”，小于该值则显示“不漏水”。

漏水报警极限值的设置应依据下列三种因素：一是所用噪声法探测设备的灵敏度、测量方法、响应特性；二是该设备的方法试验结果；三是目标管道的管材、管径等管道条件。

实例分析：图 6.4-5 中，不合理的漏水报警极限值设置：2 号、12 号、13 号、14 号。图 6.4-6 中，合理的漏水报警极限值设置：6 号、8 号、9 号。

（7）数据传输参数设置：根据需要合理设置记录数据的传输时间、传输频率等数据传输参数，调试数据接收设备与噪声记录仪的通信性能。

（8）探测信息设置：应注明各个噪声记录仪的文件名、安装地点、管材、管径、探测时间等信息。

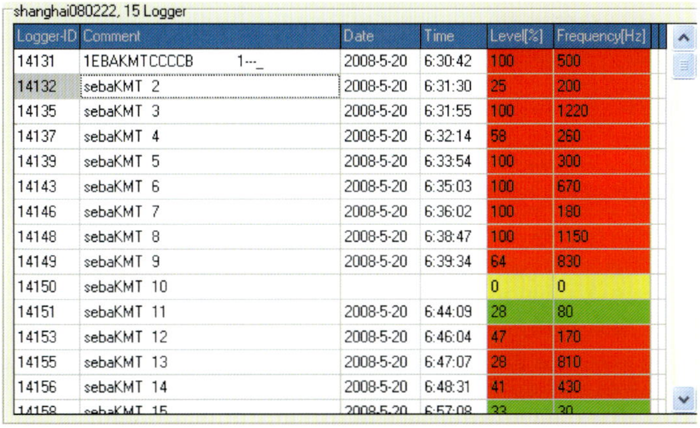

shanghai080222, 15 Logger

Logger-ID	Comment	Date	Time	Level[%]	Frequency[Hz]
14131	1EBAKMTCCCCB 1---_	2008-5-20	6:30:42	100	500
14132	sebaKMT 2	2008-5-20	6:31:30	25	200
14135	sebaKMT 3	2008-5-20	6:31:55	100	1220
14137	sebaKMT 4	2008-5-20	6:32:14	58	260
14139	sebaKMT 5	2008-5-20	6:33:54	100	300
14143	sebaKMT 6	2008-5-20	6:35:03	100	670
14146	sebaKMT 7	2008-5-20	6:36:02	100	180
14148	sebaKMT 8	2008-5-20	6:38:47	100	1150
14149	sebaKMT 9	2008-5-20	6:39:34	64	830
14150	sebaKMT 10			0	0
14151	sebaKMT 11	2008-5-20	6:44:09	28	80
14153	sebaKMT 12	2008-5-20	6:46:04	47	170
14155	sebaKMT 13	2008-5-20	6:47:07	28	810
14156	sebaKMT 14	2008-5-20	6:48:31	41	430
14158	sebaKMT 15	2008-5-20	6:57:08	33	30

图 6.4-5　不合理的漏水报警极限值设置

0521, 15 Logger

Logger-ID	Comment	Date	Time	Level[%]	Frequency[Hz]
14131	1EBAKMTCCCCB 1---_	2008-5-21	13:12:17	5	80
14132	sebaKMT 2	2008-5-21	13:12:44	6	100
14135	sebaKMT 3	2008-5-21	13:13:45	26	150
14137	sebaKMT 4	2008-5-21	13:15:53	31	400
14139	sebaKMT 5	2008-5-21	13:18:14	15	60
14143	sebaKMT 6	2008-5-21	11:00:09	100	290
14146	sebaKMT 7	2008-5-21	11:00:31	43	330
14148	sebaKMT 8	2008-5-21	11:00:39	100	480
14149	sebaKMT 9	2008-5-20	15:53:24	64	830
14150	sebaKMT 10	2008-5-21	11:01:19	48	160
14151	sebaKMT 11	2008-5-21	11:01:31	3	100
14153	sebaKMT 12	2008-5-21	11:01:39	16	190
14155	sebaKMT 13	2008-5-21	11:01:46	24	220
14156	sebaKMT 14	2008-5-21	11:01:53	20	320
14158	sebaKMT 15	2008-5-20	15:53:56	33	30

图 6.4-6　合理的漏水报警极限值设置

5. 噪声法的数据接收

根据《城镇供水管网漏水探测技术规程》CJJ 159—2011 的第 6.2.4 条，数据的接收与记录应符合下列规定：

（1）接收机宜采用无线方式接收噪声记录仪的数据，并应准确传输到电脑的专业分析软件中；

（2）噪声记录仪的记录时间宜为夜间 2：00～4：00。

6.4.8　噪声法的数据分析

1. 漏水噪声

噪声记录仪的记录噪声是漏水噪声和干扰噪声的叠加噪声，应根据所记录噪声的强度特性、频率特性及时间特性分析和识别记录噪声。

漏水噪声是一种稳定噪声，漏水噪声强度在时间上具有持续性且不随时间发生变化，漏水噪声频率具有不随时间发生变化的有效频带；干扰噪声在时间上表现为不连续，在频率上表现为无特定频带。典型的漏水噪声具有连续性的高强度和高频率的特征。

2. 漏水噪声的统计分析参数

噪声强度的主要统计分析参数包括：最小噪声值，众数噪声值，最大频数，噪声极差等。噪声频率的主要统计分析参数包括最小噪声频率、有效频带等。

（1）最小噪声值：所有记录噪声中稳定噪声的最小噪声强度。

（2）众数噪声值：所有记录噪声中出现次数最多的噪声强度。

最小稳定噪声值和众数噪声值两个参数用于分析漏水噪声的强度特性和噪声记录仪与漏点的相对距离，通过同一管段上两个及以上相邻噪声记录仪的比较可预定位漏点所在管段。最小稳定噪声值或众数噪声值越大，表明漏水噪声强度越大，同时表明漏点距离噪声记录仪越近。漏水噪声的最小稳定噪声值或众数噪声值一般不应小于 20dB，小于 20dB 一般为管道或环境等干扰噪声。

（3）最大频数：众数噪声值的出现次数占所有记录噪声的百分比。

最大频数用于分析记录噪声的稳定性和声源数量。最大频数反映了噪声值的集中趋势和稳定性，其数值越大，表明噪声值在时间上的稳定性越高，数据之间的差异程度越小，记录噪声越符合漏水噪声强度的稳定性特性。最大频数较高，只有一个突出的频数分布峰值，表明记录噪声中只有一个主要声源，该声源为漏水声源的可能性较高；最大频数较低、具有多个频数分布峰值，则表明管道存在多个声源，不能确定是否存在漏点。

（4）稳定噪声极差：所有记录噪声中最大稳定噪声值与最小稳定噪声值之差，亦即稳定噪声的分布范围。一般以所有记录噪声值的分布范围的 98％作为稳定噪声极差。在极差范围之内的噪声值为稳定噪声。

稳定噪声极差用于分析管道噪声的连续性和信噪比。稳定噪声极差越小，表明记录噪声随时间变化的差异程度越小，记录噪声的连续性越好，记录噪声的信噪比较高；噪声极差越大，表明记录噪声中含有的干扰噪声成分越多，记录噪声的信噪比越低。

在干扰噪声远远小于漏水噪声的条件下，稳定噪声极差应不大于 10dB。

（5）偏度：众数噪声值与最小稳定噪声值之差反映了噪声分布的偏度。

漏水噪声的分布具有正偏度，分布在众数噪声值右方向的数据尾部比在左方向的尾部有拉长的趋势。

该差值越小，表明漏水可能性越高。当该差值不大于噪声极差的 1/3 时，漏水可能性较高。

（6）最小噪声频率：所记录噪声频率中稳定的最小频率，反映了记录噪声的频率下限。

（7）有效频带：集中了噪声信号大部分能量的频率范围。

3. 噪声法的参数统计图

（1）噪声强度时间序列图（图 6.4-7）。

（2）噪声强度频数分布图（图 6.4-8）。

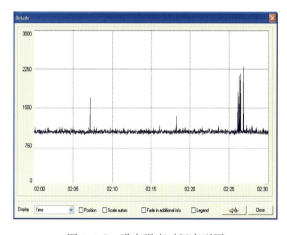

图 6.4-7　噪声强度时间序列图

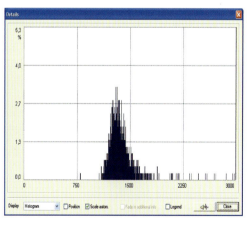

图 6.4-8　噪声强度频数分布图

（3）噪声频率分析图（图 6.4-9）。

4. 数据分析方法

分析单个噪声记录仪能够独立地确定可能的漏水情况；比较同一管段上两个及以上相邻噪声记录仪的噪声强度及有效频带，可预定位漏点所在管段。

(a) 噪声强度占噪声频率统计图

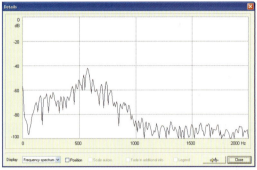
(b) 噪声强度频谱图

图 6.4-9　噪声频率分析图

噪声法数据分析的基本程序宜分为现场初步分析、综合分析和确定漏水异常管段三个步骤。

（1）现场初步分析

按照《城镇供水管网漏水探测技术规程》CJJ 159—2011 的第 6.2.6 条，应分别对每个噪声记录仪的记录数据进行现场初步分析，推断漏水异常，并应符合下列规定：

1）根据所设定的具体参数确定漏水异常判定标准；

2）对于符合漏水异常判定标准的噪声记录数据，可认为该噪声记录仪附近有漏水异常。

应慎重采用接收机自动探测结果。噪声法探测设备的接收机内置有噪声数据分析软件，并预先确定一套漏水数据判定规则；当记录的噪声数据符合判定规则时，接收机自动给出"漏水"的探测结果，否则给出"不漏水"的探测结果。由于设备出厂时预置的判定规则不一定符合目标管道的管材、管径等管道条件，因此接收机的自动探测结果宜作为参考，不宜直接作为最终探测结果。

漏水异常判定标准一般根据噪声记录仪记录的噪声强度和频率的大小而确定。可分析的噪声参数包括：最小噪声值、众数噪声值、最大频数、稳定噪声极差、最小噪声频率、主频带等。

（2）综合分析

按照《城镇供水管网漏水探测技术规程》CJJ 159—2011 第 6.2.7 条，应在现场初步分析的基础上对记录数据和有关统计图进行综合分析，推断漏水异常区域。

由于噪声记录仪的不同，可提供分析的参数统计图不同，但是，最终要通过综合分析过程来判断漏水异常区域范围。

可分析的图表包括：噪声强度时间序列图，噪声强度频数分布图，噪声强度历史数据比较图，噪声频率时间序列图，频谱图等。

不同型号探测设备的测量和分析参数不同，一般采用最小稳定噪声值、众数噪声值、最大频数、稳定噪声极差、最小噪声频率、有效频带等参数的二项或几项作为测量和分析参数，因此数据分析方法和漏水判定规则也各不相同，应根据设备型号采用相应的数据分析方法。

（3）确定漏水异常管段

按照《城镇供水管网漏水探测技术规程》CJJ 159—2011 第 6.2.8 条规定："应根据同一管段上相邻噪声记录仪的数据分析结果确定漏水异常管段。"

5. 干扰噪声的分析

根据噪声强度和噪声频率随时间的变化规律,分析和识别用水声、交通噪声等脉冲声;脉冲声在时间上表现为不连续性。

根据噪声频率识别管道内部噪声、水泵声、变压器声等周期性噪声;这些周期性的干扰噪声在众数频带或主频带上表现为低频特征。

6. 数据分析实例

(1)噪声记录仪的布设示意图(图 6.4-10)

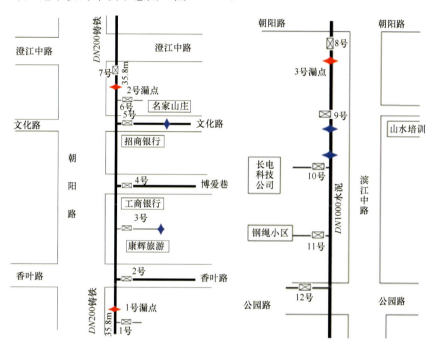

图 6.4-10 噪声记录仪的布设示意图

(2)噪声法检测数据分析(图 6.4-11)

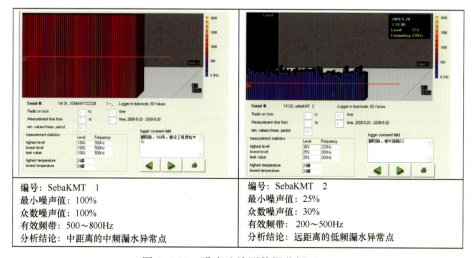

图 6.4-11 噪声法检测数据分析(一)

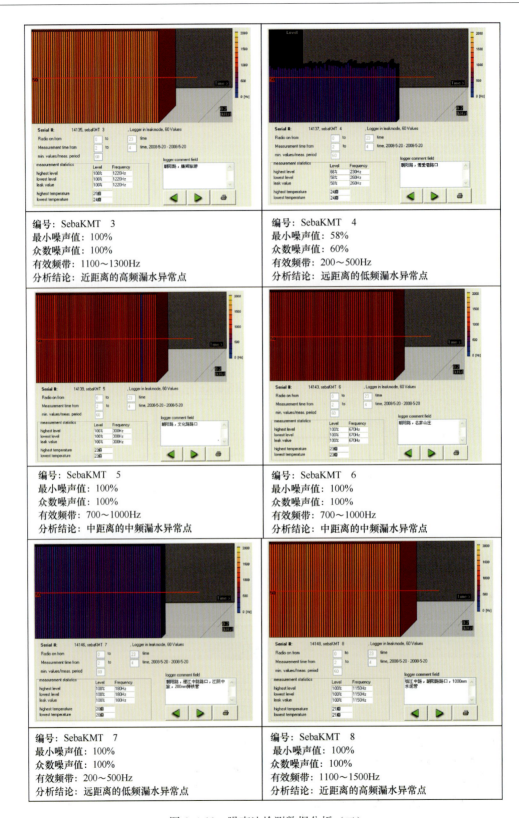

图 6.4-11 噪声法检测数据分析（二）

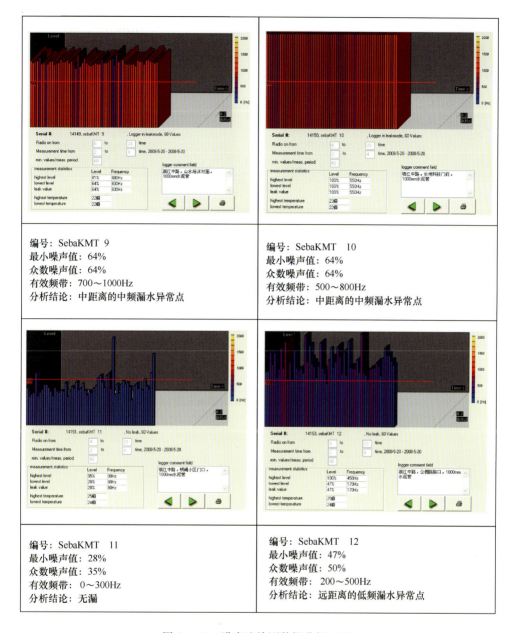

图 6.4-11　噪声法检测数据分析（三）

（3）相关分析法的定位结果（图 6.4-12）

图 6.4-12（a）显示，在 1 号与 2 号阀门之间用 P1 相关仪进行相关探测，两阀门间距为 82m。在距离 1 号阀门 35.8m 处出现稳定突出的相关峰值。

图 6.4-12（b）显示，在 6 号与 7 号阀门之间用 P1 相关仪进行相关探测，两阀门间距为 59.3m。在距离 7 号阀门 26.8m 处出现稳定突出的相关峰值。

图 6.4-12（c）显示，在 8 号与 9 号阀门之间用 P1 相关仪进行相关探测，两阀门间距为 202m。在距离 8 号阀门 15.8m 处出现稳定突出的相关峰值。

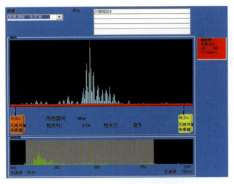
(a) 1～2号阀门井相关仪测试数据

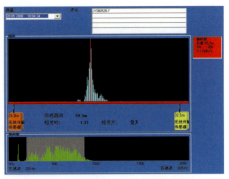
(b) 6～7号阀门井相关仪测试数据

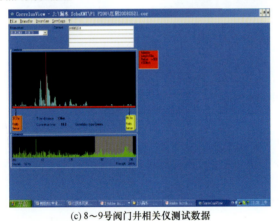
(c) 8～9号阀门井相关仪测试数据

图 6.4-12　相关分析法的定位结果

6.5　听音法

听音法是借助听音仪器设备，通过识别供水管道漏水声音，推断漏水异常点的方法。听音法可分为阀栓听音法、地面听音法和钻孔听音法。听音法要求在管道现状资料和供水信息资料基础上，为保证取得较为理想的探测效果，同时要求管道供水压力较大、环境相对安静。

听音法要求管道要有一定的供水压力，且环境噪声不宜过大，根据实践经验，管道供水压力小于 0.15MPa 或环境噪声大于 30dB 时，不宜使用听音法。使用阀栓听音法的条件是使用的听音杆或传感器应直接接触裸露的地下管道或地下管道上的附属设施；地面听音法在地下管道埋深超过 2m 时，效果会受影响；钻孔听音法是在漏水普查后的精确定位方法。

6.5.1　漏水声波的产生

承压供水管道发生漏水时，由于喷出管道时与空气、泥沙等的撞击和摩擦，以及附壁现象、卡尔曼涡流、边缘效应等，产生不同频率的震动，由此产生漏水声波。

分析漏水音大致可得到以下几条主要原因：

1. 因附壁现象或柯恩达效应（Coanda Phenomenon）产生的超低周波振动音（压力变动）

通过观察发现，在漏水孔的内壁，因水流发生附壁效应，喷出的水流会发生缩流现象

(图 6.5-1)。结果水流在侧壁贴附、脱离反复不止，产生伴随着超低声波的水中压力变动。这种压力变动的超低音频频率在 1～10Hz，不在人类可听范围之内，所以这种漏水音人耳听不到。

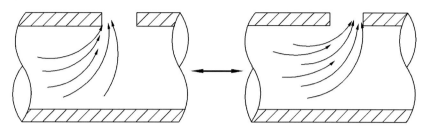

图 6.5-1 附壁和缩流现象

2. 喷出管外的漏水音

喷出漏水孔外的水流和周围的空气连成混合频率，发出漏水音。另一方面，如漏水孔浸在水中，喷出水流和水的混合很激烈，但比空气和水混合时的音周波数要弱，所以漏水孔周围都是水的情况下，会因很少发出漏水音而难以发现漏水点。

3. 漏水时的可听噪声

据推测，在漏水孔附近的管内一定存在很多漩涡。这是由比较低的周波的压力变动引起的。因这种漏水孔附近的压力变动产生除预留出速度成正比的周期性的细小漩涡，由大变小，消失、生成反复不止。这正是高频波产生的原因（数千赫），这种声音是依赖于涡流的产生、消失以及流出速度而掺生的卡尔曼涡流发出的（图 6.5-2）。

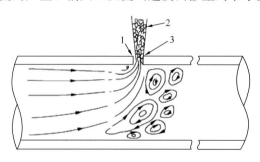

图 6.5-2 声波的产生
1—漏口摩擦声；2—水头撞击声；3—介质摩擦声

所谓卡尔曼涡流是指当流体中柱状物体以适当的速度移动时，物体的左右两侧会出现两列方向相反的涡流，并顺序排列。这个现象于 1906 年被 H·Benard 在实验中发现并进行了研究。1911 年 V·Karman 首次得出了在流体力学上的理论故称为卡尔曼涡流。

4. 边缘音

漏水孔一般是由于锈蚀、腐蚀造成的，孔的周围多有尖锐的尖角，形状复杂。这种边缘和喷出水流相碰，在近边缘附近产生许多相互交错的涡流。这种旋涡在生成、消失、移动时会因压力波而发生。边缘音，属高周波频率。

简单理解的漏水声波成因。漏水声按产生的原因可分为三种：

（1）漏口摩擦声：是指喷出管道的水与漏口摩擦产生的声音，其频率通常为 300～3000Hz（非金属管道为 100～700Hz）。

（2）水头撞击声：是指喷出管道的水与周围介质撞击产生的声音，其频率通常为 100～1000Hz 范围内。

（3）介质摩擦声：是指喷出管道的水带动周围砂、土颗粒相互碰撞、摩擦产生的声音。其频率范围较低。

声波是机械波，有幅值与频率，即音强与音频。它具有反射、折射与衍射的特性。频率范围一般在0～200000Hz之间。漏水发生的频率范围见图6.5-3。

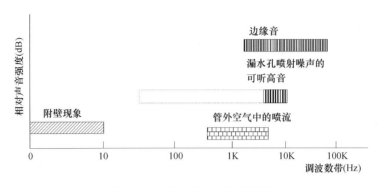

图 6.5-3 漏水发生的频率范围

漏水声波传播途径为：
(1) 沿管道传播；
(2) 沿土壤介质传播——以球面波形式向四周传播；
(3) 沿水中传播。

因此，我们的声波检测方法可在管道上、地面、水中进行。

6.5.2 听音法作业

1. 听音法应用前提

(1) 有声源。

(2) 声源可以通过介质传播。如：双层路面下的漏水，无论漏水点多大，听音效果均很差，原因是空气的隔音作用。

(3) 有可以被接收与探测的工作面，如：地面、管道阀栓与水。

(4) 可以被探测与接收到。

当采用听音法进行管道漏水探测时，应根据探测条件选择阀栓听音法、地面听音法或钻孔听音法。

2. 一般规定

(1) 听音法要求在管道现状资料和供水信息资料基础上实施；

(2) 为保证取得较为理想的探测效果，同时要求管道供水压力较大、环境相对安静。

目前，国内供水企业供水压力一般在0.2～0.4MPa之间。《城镇供水管网漏水探测技术规程》CJJ 159—2011规定的0.15MPa的供水压力虽略高于《城市供水企业资质标准》中"供水管干线末梢的服务压力不应低于0.12MPa"规定，但现在一般供水公司管道压力满足此压力值，未因为漏水探测给供水企业增加负担。

环境噪声不宜大于30dB；环境噪声较大时，无法在地面及阀栓等管道附属物上听取漏水点产生的噪声。

(3) 供水管道埋深较大时，漏水音不易传到地表，且漏水音强度也会大大降低，造成听音困难，因而，运用路面听音法管道埋深宜大于2m。

(4) 听音法需要操作人员具有一定的听音经验，识别漏水声是关键。因此为保证听音法的探测效果,《城镇供水管网漏水探测技术规程》CJJ 159—2011 规定:当采用听音法进行管道漏水探测时,每个测点的听音时间不应少于5s;对怀疑有漏水异常的测点,重复听测和对比的次数不应少于2次。

3. 漏水异常

在目前技术条件下,能够探测并可区分其他噪声的声波异常,称之为漏水异常。

根据漏水声波传播特性,将异常分为阀栓漏水异常和地面漏水异常,漏水声波异常具有连续和稳定两大特性。

4. 仪器设备要求

听音法所采用的仪器设备有听音杆(1.5m、2.0m等不同长度)、电子听漏仪等。

听音杆宜具有机械放大功能,电子听漏仪还应符合下列规定:

(1) 应具有滤波功能;

(2) 应具有多级放大功能;

(3) 使用加速度传感器作为拾音器,其电压灵敏度应优于10mV/(m·s^{-2})。

5. 听音法的质量保证

(1) 应采用复测与对比方式进行过程质量检查。

(2) 检查时应随机抽取复测管段,且抽取管段长度不宜少于探测管道总长度的20%。20%的质量检查量,符合行业惯例,既可保证质检效果,又未大量增加探测人员的工作量。

(3) 应重点复测漏水异常管段和漏水异常点。

6. 听音法影响因素及排除办法

在用听音法测漏时,经常发生杂音、噪声近似漏水音的问题。从产生形态来看,假异常音有管道内流水音、用水音、地下电缆产生的感应回音、荧光灯或变压器产生的电磁振动音、马达的声音以及风速在4m/s以上的干扰音。这些声音在大气中或在地下传播,就有可能被误认为漏水音。

(1) 管内流水声

这种声音是流水通过管内阀栓等突起物时产生的摩擦,在管壁和水中传播的振动音。例如:减压阀、排气阀在排气时产生的振动音,距离排气阀较近时频率在800~2000Hz之间,距离较远时就会在漏水音频率内;

另外,在管道内部堵塞、闸阀阀门半关闭状态下,水流的摩擦音和漏水音几乎完全没有区别,从而给听音和相关检测调查造成障碍。

排除方法:工作时必须查明阀门的开闭状态。

(2) 用水音

用水音是在大量用水时产生的,其频率范围在600~1500kHz之间,三通管在1~3000kHz之间,极似漏水音。在听音调查或相关检测时,容易误认为漏水音。

排除方法:绝大多数用水时间间断或不稳定的,采用长时间的监测,利用漏水声波连续和稳定的特性,绝大部分能够区分。

(3) 下水音

下水流动音及流水的落差声音,其周波范围在500~2000Hz之间,所以听音调查、相关调查应多加注意。

排除方法：通过环境调查解决。

（4）都市噪声

都市噪声包括空调、热风、汽车行驶、行人等多种噪声源，于林立的高楼间合成。这种噪声在400～2000Hz的频率范围内，似于漏水音。

排除方法：选择合适时间段。如：先小区，后街道。

（5）电力线缆产生的回路音

地下电缆、高架变压器、路灯等电力设备会产生300Hz以下的低周波回路音，主要对地面异常探测有干扰。

排除方法：可通过强度、频率、形态等特征与漏水声加以区别。

（6）风声

听音调查时使用的拾音器、软线（导线）在被风刮的情况下，会产生500～800Hz的低周波音，易误认为漏水音。当风速在4m/s以上时，很难听音。

排除方法：选用防风探头；避开刮风时段。

（7）其他

燃气等其他地下设施的泄漏与破损。

6.5.3 阀栓听音法

1. 简介

阀栓听音是利用听音杆、电子听漏仪等设备直接听取接触裸露地下管道、阀门、消火栓、水表及其他供水管道附属设施上的漏水声波，根据噪声强度及频率判断有无漏水以及漏水发生的大致范围，为路面听音与相关检测做好准备。

阀栓听音法适用于供水管道漏水普查，是目前漏水调查特别是城市范围漏水调查的有效方法。既可发现漏水点，又可探测漏水异常的区域和范围，指导地面听音工作。

该方法主要依靠人的听觉、比较与推断能力及实践经验的积累。

2. 原理

阀栓听音的机理是漏水声音在管道中的传播规律。

声波在管道中传播时，距声源 x 处的音强可按式（6.5-1）计算：

$$I_x = I_0 \times e^{-\alpha x} \tag{6.5-1}$$

式中　x——传播距离（m）；

α——衰减系数；

I_0——声源处的声波强度（W/m²）；

I_x——距离声源 x 处的声强（W/m²）。

从式（6.5-1）可见：I_x 呈指数衰减规律，即距离声源越远，来自声源的声强越小。

3. 漏水声音特点

根据工程经验，漏水音音频具有表6.5-1特性，漏水音音强具有表6.5-2特性。

漏水声波的衰减有如下特性（表6.5-3）：

（1）漏水音的衰减率因管道材质的不同而不同，并与距离呈反比，高频表现尤为明显。

（2）一般管材的弹性模量越大，其衰减率越小。这就是钢管比PVC衰减率小很多的原因。

（3）管径越大，衰减率越大，特别是直径超过 1000mm 的管道衰减更加明显。这也是大口径管道不易发现漏水，而发现异常定位漏水点却容易的原因。

（4）频率越高，衰减越快。这就是离漏水点较远处，只能听到低频率漏水声的原因。

漏水音音频特性   表 6.5-1

内容	高音	中音	低音
频率范围	1kHz 以上	0.5~1kHz	0.5kHz 以下
漏水孔大小	小	大	非常大
漏水孔形状	不规则	简单	简单
管径	小口径	中口径	大口径
管材	钢管、铸铁	铸铁、预应力管	聚乙烯、塑料管
水压	高	低	非常低

漏水音音强特性   表 6.5-2

种类 音强	管道埋深	管道口径	管道金属性	接口	路面	水压	漏水口大小	已发生漏水时间
强	浅	小	强（钢）	强（焊）	紧凑	高	小	短
弱	深	大	弱（PVC）	弱（胶）	松散	低	大	长

漏水声波的传播距离与管道各参数的关系   表 6.5-3

传播距离	长距离	短距离
口径	小口径	大口径
材质	铸铁管、钢管、石棉水泥管、铅管、不锈钢管	塑料管、乙烯管
使用时间	新埋设管（未发生锈蚀的）	旧管（锈蚀较多）
接口	焊接、铅锡接口	柔性接口
漏水音	低音（低频）	高音（高频）

漏水声波在传播过程中的反射与透射（折射）：

漏水声波在管道中传播时，如果遇到波阻抗（ρCA）发生变化界面，将会发生反射和透射。反射系数和透射系数理论值可按公式（6.5-2）和公式（6.5-3）计算：

$$K = \frac{\rho_2 C_2 A_2 - \rho_1 C_1 A_1}{\rho_1 C_1 A_1 + \rho_2 C_2 A_2} \quad (6.5\text{-}2)$$

$$T = \frac{2\rho_2 C_2 A_2}{\rho_1 C_1 A_1 + \rho_2 C_2 A_2} \quad (6.5\text{-}3)$$

式中　K——反射系数；

　　　T——透射系数；

　ρ_1、ρ_2——变阻抗前后管材的密度（kg/m^3）；

　C_1、C_2——变阻抗前后声音的传播速度（m/s）；

　A_1、A_2——管道的截面积（m^2）。

由以上公式可知，当声音信号从低阻抗管道向高阻抗管道传播时，如从小管径管道向大管径管道传播时，见图 6.5-4 所示，反射系数 K 为负，入射信号与反射信号反相位，声音相抵消，声音信号明显减小。

当声音信号从高阻抗管道向低阻抗管道传播时，如从大管径管道向小管径管道传播时，见图 6.5-5 所示，反射系数 K 为正，入射信号与反射信号同相位，声音相互叠加，声音信号明显增大。

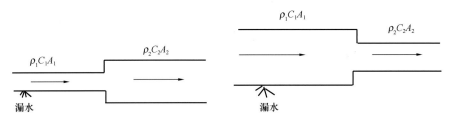

图 6.5-4　漏水声从低阻抗管道向高阻抗管道传播示意图

图 6.5-5　漏水声从高阻抗管道向低阻抗管道传播示意图

当声音信号到达自由端时，见图 6.5-6 所示，如消火栓、水龙头等部位时，$\rho_2 C_2 A_2$ 近似为零。反射系数 $K \approx -1$，$T = 0$，声音信号近似全部反射回来，同相叠加原信号上，因此在这些部位我们听到的漏水声特别"大"。

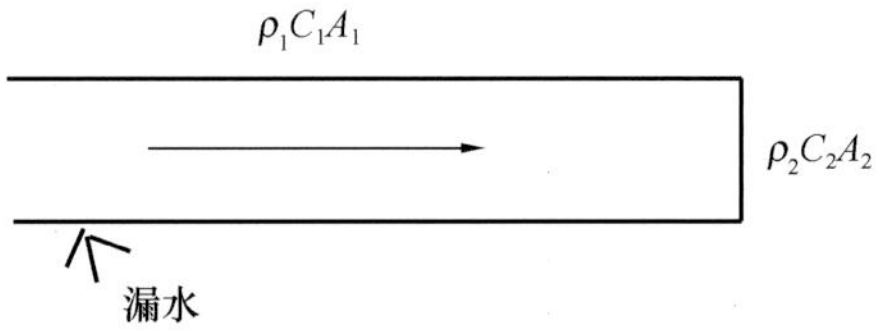

当声音信号经过三通、四通、接口、弯头等部位时，由于其波阻抗亦发生变化，会产生反射、透射现象，使正常传播的声音信号发生变化，造成假的声音异常。

图 6.5-6　漏水声到达自由端传播示意图

4. 方法步骤

阀栓听音应在了解管道资料的基础上，可与环境调查同步进行。

探测时间：13:00～17:00 与 22:00～次日 4:00。

探测间距：根据经验，间距要求见表（表 6.5-4），表中距离为有条件下的最大允许距离。

阀栓听音探测间距（单位：m）　　　　表 6.5-4

管材	最大检测间距
钢	200
灰口铸铁	150
水泥	100
球墨铸铁	80
塑料	60

探测间距应随管径的增大、水压的降低、接头与三通等管件的增多而相应递减。

明漏水查找与记录：当采用阀栓听音法探测时，应首先观察裸露地下管道或附属设施是否有明漏。发现明漏点时，应准确记录其相关信息，内容包括编号、阀栓类型、明漏点的位置、漏水部位、管道材质和规格、估计漏水量等。可参照表 6.5-5 记录。

明漏水记录表							表 6.5-5	
日期：			仪器设备：			人员：		
编号	阀栓类型	明漏水位置	漏水部位	管径	管材	估计漏水量	备注	

阀栓异常探测与记录：发现阀栓漏水异常要求图上编号，实地标记，作异常描述并做好记录。记录内容：异常编号、异常强度（分高、中、低 3 级）、管径、材质、埋深以及异常引起的范围等。

编号原则：异常性质＋区号（1-8）＋顺序号，VD：阀门异常。例如：VD101。

5. 探测效果

在居民区和生产厂区（背景噪声较大的石化、钢厂等除外）等阀栓密度较大、管径较小，材质多为金属，平均可发现 50%～60% 的异常；在城市道路能发现 30%～50% 的异常；在市郊发现管道漏水异常的可能性更小。

6. 注意事项

（1）发现的明漏水应及时修复，避免影响暗漏水的发现。
（2）详细记录阀栓听音不能控制部分，作为路面听音及其他方法的重点。
（3）避免用水的影响。
（4）探测记录应及时整理，便于下步工作。

6.5.4 地面听音法

1. 简介

地面听音法可用于供水管道漏水普查，发现漏水地面异常；定性分析漏水发生的可能性及漏水点位置。

操作人员利用听音杆或电子听漏仪，沿管道走向在路面上听取从漏水点直接传播到地面的漏水声波，发现漏水声波异常，确定漏水点。

在漏水阀栓听音异常的区片，进行路面听音工作更可以做到有的放矢。

目前地面听音主要依靠人们的听觉，依据音强、音频及异常的特征，对漏水点进行探测。

2. 原理

由于漏水声波主要以球面波形式向周围传播，设定声源处声强为 I_0，则距离声源任意一处 R_1 处的声强可按下式计算：

$$I_{R_1} = \frac{\alpha I_0}{4\pi R_1^2} \tag{6.5-4}$$

式中 I_0——声源处声强；
α——衰减修正系数。

由于声波从声源传播到地面，垂直到地面距离最短，音强最大，即 $R_1 = h$ 时，声波垂直传播到地面的音强 I_h 最大。如图 6.5-7。

另外，任意一处 R_2 处声强为：

$$I_{R_2} = \frac{\alpha I_0}{4\pi R_2^2} \qquad (6.5\text{-}5)$$

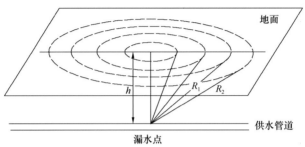

图 6.5-7 漏水声波球面传播示意图

两处声强比为：

$$\frac{I_{R_1}}{I_{R_2}} = \frac{\alpha I_0}{4\pi R_1^2} \Big/ \frac{\alpha I_0}{4\pi R_2^2} \qquad (6.5\text{-}6)$$

简化后：

$$\frac{I_{R_1}}{I_{R_2}} = R_2^2 / R_1^2 \qquad (6.5\text{-}7)$$

即，各处的音强与该处到声源的距离的平方成反比。地面漏水声波强度剖面变化和平面变化可见图 6.5-8。

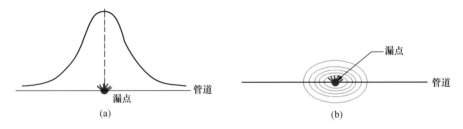

图 6.5-8 地面漏水声波强度示意图
（a）地面漏水声波强度剖面示意图；（b）地面漏水声波强度平面示意图

3. 路面听音的影响因素

路面听音时，检测到的漏水声波受多种因素影响，如：供水压力、漏水部位、管道材质、管径、埋深、周围介质和地面条件等。

（1）漏水音大小与压力关系

一般讲，供水压力越高，在地面上听到漏水声也就越明显。但其中有一个临界值，即 0.2MPa。0.2MPa 以下听音效果差，随压力的变化听音效果变化较大，低于 0.1MPa 时，地面上很难听到漏水音；但 0.5MPa 以上，变化就不明显了。

（2）漏水音大小与埋深

因为声强的衰减与距离平方成反比。因而，同频漏水音，埋深越大，听音效果越差。这就是南方比北方听音效果好的原因。当然，压力的提高会弥补此问题。例如：日本与东北三省维度相同，听音技术运用得很好；日本压力有 0.4~0.5MPa，而东北三省大多在 0.1MPa。

(3) 漏水音与频率的关系

漏水音含多种频率成分。高频衰减快,传播距离近;低频衰减慢,传播远。这就给我们提供这样一个思路,高频处为漏水声源点。

(4) 漏水音与漏水部位的关系

管体腐蚀与裂缝的漏水,易发现,因为水柱直接冲击周围介质。

管道接口或者承插口,特别是柔性接口漏水,不易发现。

口径较大管道侧、底部漏水,不易发现。

漏水点位置影响定位精度。如:江门市港口路$DN200$管道漏水点,地面漏水音异常非常明显;开挖验证定位偏差1.5m。原因:此点漏水时间较长,管道周围介质被冲走,漏水音是由于水柱冲击介质产生,而非管道漏水点处。

(5) 漏水音与漏水点周围介质及路面的关系

这主要取决于介质弹性模量的大小,即路面结构标准越高,检漏效果越好。检漏效果由好到差的路面结构为:

白色路面、沥青路面;

大石块有基路面;

片或块状路面;

泥土路;

煤屑路,这除了弹性模量小外,煤屑中的孔洞对声音有吸附作用。

4. 听音法适用条件

实践证明,当供水管道顶部埋深大于2.0m时,听音效果较差,不宜采用地面听音法探测。

进行探测时,听音杆或拾音器应紧密接触地面。

5. 工作方法

(1) 路面听音时间一般为晚上22:00～凌晨5:00。

(2) 在熟悉管道、阀栓听音的基础上进行;工作时建议至少两人。

(3) 应沿供水管道走向在管道上方逐点听测。

(4) 金属管道的测点间距不宜大于2.0m,非金属管道的测点间距不宜大于1.0m。

(5) 漏水异常点附近应加密测点,加密测点间距不宜大于0.2m。

(6) 当采用地面听音法进行漏水点精确定位或对管径大于300mm的非金属管道进行漏水探测时,宜沿管道走向成"S"形推进听测,但偏离管道中心线的最大距离不应超过管径的1/2。

路面听音技巧:

1) 直线听音:管道正上方。埋深浅,管径小,材质单一,距离长。

2) "S"听音:埋深较深,管径较大材质不一,距离较长。

3) 双"S"听音:沿管壁两侧,以两侧为轴线做双"S"形听音。

(7) 对发现的路面异常应在实地与图纸上,进行编号与标注,且进行记录。记录内容包括:异常编号、范围、强度、管道情况、现场情况和异常判断等。

6. 探测效果

管道埋深在1m范围内,漏水声波异常查明率可达60%以上;埋深在1～2m的管道可达 50% 左右；埋深在 2m 及以上的管道小于 30% 左右。

探测准确率可达 70%。

7. 注意事项

（1）充分了解管道上方所埋设的土质及路面情况对听音的影响。

（2）路面异常精确定位时，注意排除空洞等假异常影响。

（3）详细记录不能进行路面听音部分，作为其他方法的工作重点。

（4）探测记录应及时整理，便于下步工作。

6.5.5 钻孔听音法

钻孔听音法可用于供水管道漏水异常点的精确定位以及埋深较大管道普查及相关的辅助手段。

仪器设备：听音杆或电子听漏仪，电钻、勘探棒、打孔机等。

1. 方法技术

（1）钻孔听音法应在供水管道漏水普查发现漏水异常后。

（2）为了保障人员及管线的安全，防止在实施钻孔时对供水及其他管线的损坏，钻孔前应准确掌握漏水异常点附近其他管线的资料，特别是动力电缆；了解管道管径、材质、铺设年代等资料，精确测定管道的位置、埋深、连接关系及分布情况，现场绘制草图，实地标定管道位置。

（3）钻孔位置的设定原则上在异常范围内沿管道走向均匀分布，然后在管道正上小于管道深度的范围内钻孔。

（4）当采用钻孔听音法探测时，每个漏水异常处的钻孔数量不宜少于 2 个，两钻孔间距不宜大于 50cm。

（5）钻孔听音法应使用听音杆，探测时听音杆宜直接接触管道管体，并根据漏水噪声情况确定漏水点的位置。确认原则：漏水点附近其噪声声波频率高及强度大，且有清水。

当不能接触管体时，应同深度比较漏水声频与声强。

（6）钻孔听音法进行漏水异常点的确认应采用综合方法，结合阀栓听音、路面听音以及相关检测异常。

（7）钻孔听音法进行漏水异常点的确认时，无论是否漏水引起的异常，均应仔细填写确认依据。对确认难度较大，可采用多次、多方法、多人次进行"会诊"。

（8）漏水异常点确认后，实地标定漏水点位置，按表 6.5-6 及时填报。

2. 技术要求

确认准确率大于 90%，漏水点定位误差小于 ±1m，是目前漏水确认和定位的主要要求。

3. 注意事项

（1）除严格执行各项安全管理规定外，钻孔时，还需做好仪器设备绝缘工作，人员穿戴绝缘手套和绝缘鞋。

（2）避免三通、拐点、变径、阀门等假异常的影响。

（3）不要轻易放弃异常。

（4）对开挖非漏水或超出定位误差范围的漏水异常点，进行现场听音分析与资料整理工作，为下步工作积累经验。

供水管网漏水探测漏水点记录表　　　　　　　　　　　表 6.5-6

填表日期　　年　月　日

漏点编号		漏点位置	
管材		管径（mm）	
管道埋深（m）		管道埋设年代	
地面介质		管道破损形态	
勘探方法和使用仪器简要说明			
漏水异常点简要说明（附位置示意图）			
开挖验证相关说明（漏水点照片，漏水点定位误差，计算漏水量等）			

开挖验证日期　年　月　日

勘探人（签字）：　　　　　　　　　　　　复核人（签字）：

6.6 相关分析法

无论是普通相关仪还是多探头相关仪的工作原理都是对两个探头采集的振动信号进行相关分析，是当前最快速有效的一种检漏方法。当管道属性参数（管道长度、管材、管径）输入准确时，用（多探头）相关仪可快速准确地测出地下管道漏水点的精确位置。

6.6.1 适用范围

相关分析法是采用相关仪来探测供水管道泄漏的方法，适合金属和非金属等所有管道探测，探头（传感器）必须与管道或管道附件（如阀门、消火栓、水表等暴露点）接触，来探测漏水声波信号。所以，用相关分析法探测供水管道漏水必须要有放置探头的管道暴露点，而且两个探头的放置距离不能太长，可参考表 6.4-1 给出的数据。通常是金属管材声波传播得远些，如钢管、铸铁管等，相关仪探测的距离就远；非金属管材声波传播得近，如 PE 管、PVC 管等，相关仪探测的距离就近。相关分析法特别适用于环境干扰噪声大、管道埋设深或不适宜用地面听音法的区域。

6.6.2 工作原理

相关分析法是采用相关分析技术的原理，通过放置在漏水点两侧阀门或消火栓上的探头（传感器）探测漏水声波信号（图6.6-1），由相关仪主机接收而确定漏水点位置。漏口处会产生漏水声波并以一定的速度沿管道向两侧传播，先传到左侧A点，后传到右侧B点，这样就产生了时间延时（即时间差），相关仪采用相关分析技术就可以测定此时间差，从而计算出漏水点的位置。

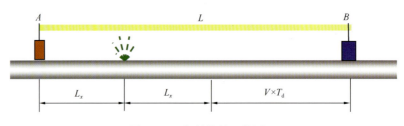

图6.6-1 相关仪的工作原理

假设漏水点距较近的传感器距离为L_x，两个探头间的距离为L，声波的速度为V，漏水声波到达两个探头的时间差为T_d，则漏水点距较近的探头距离L_x计算公式如式(6.6-1)：

$$L_x = (L - V \times T_d)/2 \tag{6.6-1}$$

式中 V——取决于管材、管径和管道中的介质（m/s或m/ms）。

6.6.3 相关仪的发展

相关仪也经历了从低到高性能的发展过程，最初的相关仪体积笨重，发射机与相关仪主机采用电缆连接。后来逐步改进，形成了由主机、两个发射机、两个探头等组成的相关仪，采用无线电传送信号。现代高性能的多探头相关仪把普通相关仪的逐段测试发展到区域测试，从而极大地提高了供水管道的检漏效率。目前相关分析法可分为实时相关法和记录相关法。

实时相关法是采用普通相关仪，主要配置相关仪主机、两个发射机、两个探头等，其工作方式是探头拾取漏水声信号并通过屏蔽线传到发射机，发射机把漏水声信号通过无线电频率实时发送到相关仪主机进行相关分析。

记录相关法是采用多探头相关仪，其主要配置相关仪主机、记录仪（也称"探头"）、PC等，其工作方式是记录仪拾取漏水声信号并存储在记录仪中，然后记录仪与主机连接，主机与PC连接，最后导入PC进行相关分析。

目前相关仪按信号传输方式和探头工作方式可分为如下三种：

（1）模拟型相关仪

传感器通过屏蔽电缆线把电信号传输到发射机，然后发射机采用无线电模拟信号传输到相关仪，二路信号传输会有一些电磁干扰，信噪比低。

（2）全数字型相关仪

探头内部进行数字化，即所谓的数字探头，通过信号线把数字信号传输到发射机，然后发射机采用无线数字信号传输到相关仪,二路信号传输不存在电磁干扰,信噪比高。

(3) 多探头相关仪

探头内部进行数字化,并把数字信号存入探头中,所以探头也称记录仪,取回探头后,采用有线或红外方式把数字信号传输相关系统中,不存在电磁干扰且无盲区,信噪比高。

6.6.4 技术方法

相关分析法适合于管道或管道附件(如阀门、消火栓、水表等)暴露点密集的区域,当管道发生泄漏时,漏口处的漏水声可传播到这些暴露点,以便探头可探测到漏水声波信号。所以不同管材、管径要求不同探测距离。

(1) 相关分析法是利用分析漏水噪声传到布设在管道两端传感器的相关时间差推算漏水点位置的方法。当输入的管道长度、管材、管径准确时,相关仪可测出准确漏水点位置,起到精定位的目的。否则就会有偏差,只能起到预定位的目的。所以相关分析法可用于漏水点预定位和精确定位。

(2) 漏水点产生的漏水声大小主要取决压力大小和管材,从而影响传播距离,实践证明管道压力最好大于 0.15MPa,才能得到良好的相关结果。

(3) 相关仪应具备滤波、频率分析、声速测量等功能,这些功能可排除干扰并保证较好测试结果。

1) 滤波功能:滤波是选择漏水声波的频率范围,可采用自动滤波或手动滤波。如果所选滤波范围还有干扰,应采用陷波去除干扰,可保证较好的相关结果,下面用实例说明不同滤波的情况。

对管道长度为 133m 的 DN300 铸铁管用多探头相关仪进行相关分析,采用自动滤波(0~500Hz)得到的结果发现有两处漏水点,见图 6.6-2,从图中可以看出距探头 687 号距离分别为 5.46m 和 43.94m。

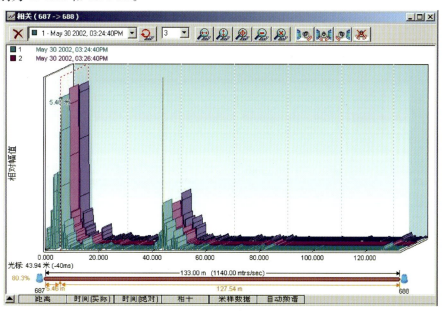

图 6.6-2 自动滤波相关测试结果图

图 6.6-3 是对同一条管道采用手动滤波（400～1000Hz）得到的结果，从图中可以看出距探头 687 号距离为 45.7m。

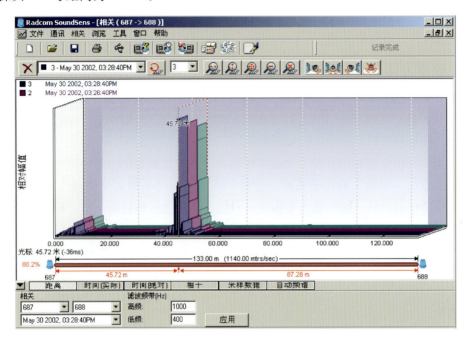

图 6.6-3　400～1000Hz 相关测试结果图

图 6.6-4 是对同一条管道采用手动滤波（0～400Hz）得到的结果，从图中可以看出距探头 687 号距离为 4.28m。

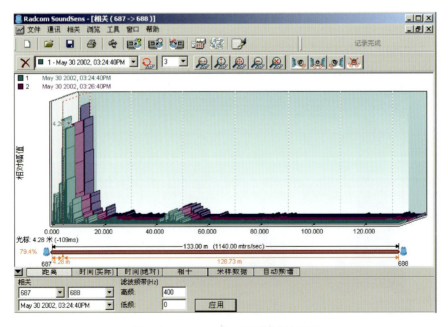

图 6.6-4　0～400Hz 相关测试结果图

建议：采用自动滤波可得到较好结果。

2）频率分析：显示各传感器频率信号，以便选择最佳滤波范围。

3）声速测量：相关仪内存的理论声速会与实际声速存在一些偏差，使漏水点定位也会存在偏差，现场实测管道的声速可提高漏水点定位精度，见案例分析。

（4）相关仪传感器频率响应范围宜为 $0\sim5000Hz$，电压灵敏度应大于 $100mV/(m\cdot s^{-2})$。相关仪传感器频率响应范围和灵敏度是相关仪的基本要求，是国内外供水行业通常使用的参数，是经实践检验必要、适当和可行的。

（5）当采用相关分析法探测管径不大于 300mm 的管道时，相邻两个传感器的最大布设间距宜符合表 6.4-1 的规定。布设间距应随管径的增大而相应地减少、随水压的增减而增减。

由于漏水声传播距离受管材、管径、接口等影响，金属管道比非金属管道声波传播远。经验表明，当探测管径不大于 300mm 的管道时，按照《城镇供水管网漏水探测技术规程》CJJ 159—2011 第 6.2.2 条规定的参数设置传感器，探测结果可获得较高的正确率。除管材影响漏水声传播距离外，还受管径和水压的影响，因此，传感器的布设间距应随管径的增大而相应地减少、随水压的增减而增减。

图 6.6-5 是对长度为 58m 和 66m 的 DN100PVC 管道采用多探头相关仪进行相关分析的结果，发现漏水点在第一段。

图 6.6-5　三探头相关仪的测试图

图 6.6-6 是对长度为 5m 的 DN100PVC 管道用多探头相关仪进行相关分析的结果，漏水点距探头 3480 号距离为 36.81m。

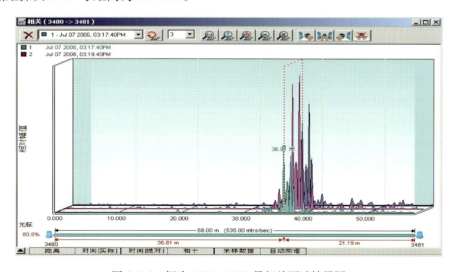

图 6.6-6　探头 3480～3481 号相关测试结果图

图 6.6-7 是对长度为 124m 的 $DN100PVC$ 管道用多探头相关仪进行相关分析的结果，没有发现漏水点。说明相关距离太长，漏水声传不到探头位置，不满足相关条件。

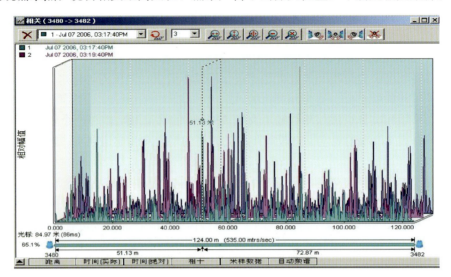

图 6.6-7　探头 3480～3482 号相关测试结果图

（6）传感器的布设应符合下列规定：
1）应确保传感器放置在同一条管道上；
2）传感器宜竖直放置，并应确保与管道接触良好。

传感器应置于管道、阀门或消火栓等附属设备上，用于探测漏水声信号。如果传感器没有放置在同一条管道上，即使有漏水也得不到漏水的相关结果。为保证传感器获得良好信号，传感器最好竖直放置，并应确保与管道接触良好。特别说明，对声波传送差的管道（如大口径干管或塑料管等），相关仪探测效果不理想。此时应采用水听传感器。水听传感器可安装在消火栓、排气阀、流量计等的出水口处。

（7）采用相关分析法探测时，发射机与相关仪信号应能正常传输。

探测作业时发射机通过屏蔽线接收传感器探测的信号并采用无线电传送到相关仪主机，只有信号正常传输，才能进行有效相关分析。如果发现某一个发射机传送的信号弱，相关仪主机应向该发射机靠近，以获得足够信号。

（8）应准确测定两个传感器之间管段的长度。应准确输入管长、管材和管径等信息，并根据管道声波传播速度进行相关分析，确认漏水异常点。

相关仪必须输入两传感器之间管道长度、管材和管径，才能进行有效的相关测试，并给出准确漏水异常点距离。

（9）当采用相关分析法探测时，应根据管道材质、管径设置相应的滤波器频率范围。金属管道设置的最低频率不宜小于 200Hz；非金属管道设置的最高频率不宜大于 1000Hz。

应根据现场测量情况，可选择自动滤波或手动滤波。通常情况下，金属管道宜采用 200Hz 以上的频率；非金属管道宜采用 1000Hz 以下的频率。

6.6.5　应用案例

案例 1：测试现场：图 6.6-8 是总长 155m 的 $DN900$ 水泥管应用四探头相关仪的测试

图，并发现有漏水点存在，从图中可以明显看出漏水点位于探头686与687之间。

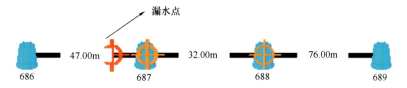

图 6.6-8　四探头相关仪测试图

图 6.6-9 是对 4 个探头所采集的漏水声波信号进行相关分析的结果，相关可信度为 80.9%～86.7%，最高可信度在探头 686～688 号之间。

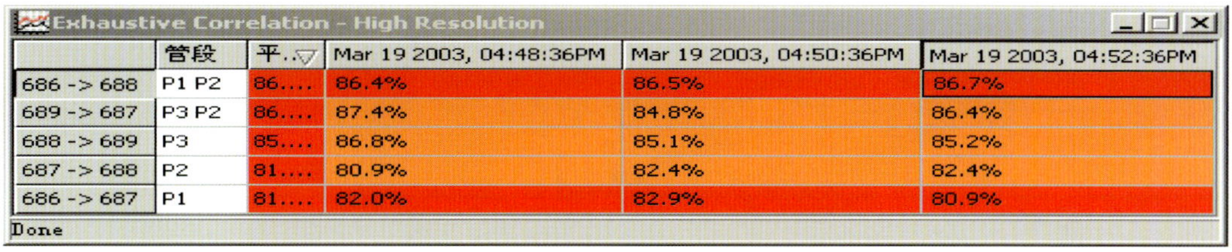

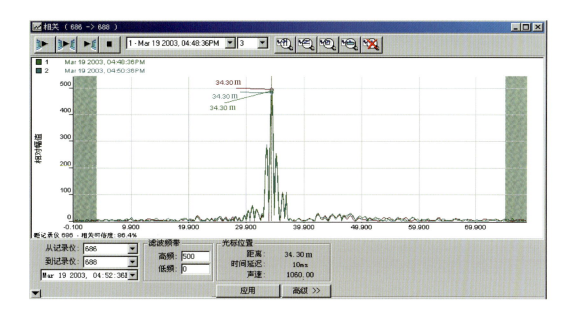

图 6.6-9　四探头自动相关分析结果

当输入被测管道的管长、管材和管径后，应用相关分析可确定漏水点距 686 号探头 34.30m，三次测试结果均一致，见图 6.6-10。时间差为：10ms，理论管道声速：1060m/s，自动滤波范围：0～500Hz。挖后漏水点丈量距离距 686 号探头 34.40m。

图 6.6-10　探头 686 号～688 号测试结果

注意：用探头 688 号和 689 号可测出该段管道的实际声速，测试结果为 1088m/s，见图 6.6-11。

135

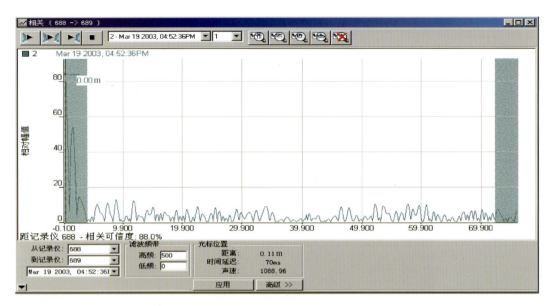

图 6.6-11　声速测试结果

漏水点定位效果：用实测声速对探头 686 号和 688 号再次进行相关分析，得到的测试结果为：漏水点距 686 号探头 34.17m（见图 6.6-12），与采用理论声速计算的 34.30m 仅差 0.13m，与实际位置 34.40m 相差 0.23m。说明用理论声速进行相关分析可以满足现场测试的要求。

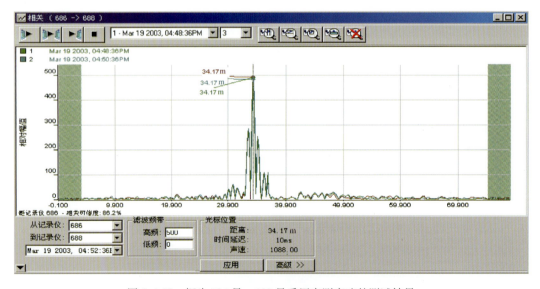

图 6.6-12　探头 686 号～688 号采用实测声速的测试结果

案例 2：图 6.6-13 是对总长 159m（60m＋99m）DN200 铸铁管应用三探头相关仪的测试结果图，并发现有漏水点存在，从图中可以明显看出漏水点位于探头 687 号与 688 号之间，漏水点距 686 号探头 90.54m，开挖后漏水点丈量距离距 686 号探头 90.60m。

第6章 压力管道病害探查技术

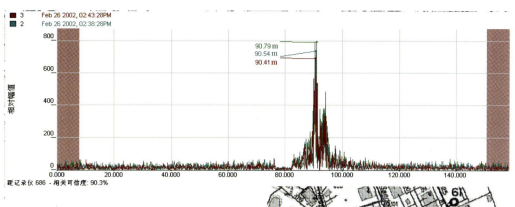

管道标识	管长	管径	管材	声波
P1	60.00m	200mm	铸铁管	1190.00mtrs/sec
P2	99.00m	200mm	铸铁管	1190.00mtrs/sec

渗漏标识	渗漏位置	相关节点	相关可信度	记录时间
L1	90.79m从686	686→688	89.7%	Feb 26 2002.02:33:28PM
L2	90.54m从686	686→688	91.0%	Feb 26 2002.02:38:28PM
L3	90.41m从686	686→688	90.3%	Feb 26 2002.02:43:28PM

图 6.6-13　三探头相关仪的测试实例

第 7 章　道路地下空洞治理技术

7.1　概述

通过探查技术发现了道路下管道病害或地下空洞后，要及时开展管道修复工作，以提高管道的严密性，同时要及时对道路地下空洞进行治理，以消除安全隐患。管道修复不当，也会埋下隐患。空洞治理不当，也会对管道造成损伤。

7.2　管道修复技术

地下管道破损造成的漏水会冲刷周围土层从而使管道附近形成空洞，因此，合理的管道修复技术解决管道的破损渗漏对解决地下空洞的形成具有实际性意义。

传统开挖修复管道的方法，在修复完成后需进行回填，这种条件下的土压力与一般意义的土压力不同。根据管道土压力理论，此类管道土压力应采用沟埋式土压力计算公式。由于开挖面积小，施工空间受限，管道回填土不易压实，形成土体疏松，在地下水和车辆震动等多种因素影响下极易发生流砂淘蚀现象，形成路基空洞，且传统的开挖修复施工维护措施代价高昂，对周围环境影响较大，已不适合目前国家的发展推广趋势。而管道非开挖修复技术在施工过程中对交通、地面环境以及地下管网的影响较小，已被联合国环境保护署认定为环境友好的施工新技术，越来越受到各级政府的青睐。

非开挖修复管道的方法有很多，随着科学技术的进一步发展，相信以后也会有更多的技术被发掘，目前，常用的非开挖修复技术包括注浆法修复技术、翻转式原位固化修复技术、拉入式紫外光原位固化修复技术、水泥基材料喷筑修复技术、高分子材料喷涂修复技术、机械制螺旋缠绕修复技术、管道垫衬修复技术、热塑成型修复技术、管片内衬修复技术、不锈钢双胀环修复技术、不锈钢快速锁修复技术、不锈钢发泡筒修复技术、点状原位固化修复技术、短管穿插修复技术、折叠内衬法修复技术、缩径内衬法修复技术和不锈钢内衬法修复技术，本节针对以上非开挖管道修复技术进行系统介绍。

7.2.1　注浆法修复技术

注浆法修复技术可用于管道周边松散土体加固或空洞填充。注浆法修复技术是指使用专用的设备，在压力的作用下将浆液（化学浆液或水泥灰浆）或树脂注入管道的裂隙区，以达到防漏堵漏目的的修复方法。采用注浆的方法在管道外侧形成隔水屏障，或在裂缝或接口部位直接注浆来阻止管道渗漏。前者称为土体注浆，后者称为裂缝注浆。该技术适用于排水管道修复。

注浆过程的控制呈现自动记录、集中管理和自动化监控的趋向。在注浆效果的测定方面，应用了压水或注水、抽水实验、电测、弹性波探测、各种物理学测试、放射性探测、微观测试等多种检测仪器和手段。注浆法的优点是干扰小，效率高，材料和设备的费用低。

根据注浆的目的和用途，化学注浆法可分为两类：一类为补强加固注浆，可向裂缝中灌入环氧树脂类、甲基丙烯酸酯类等注浆材料。另一类为防渗堵漏注浆，可向裂缝中灌入聚氨酯、丙烯酰胺类、木质素类等注浆材料。注浆技术因其工期短、见效快等特点，在众多领域得到广泛应用，如地基加固及防止建筑物沉降、管道防渗堵漏、地铁隧道加固、路基路面加固、边坡支护中锚杆加固、大坝堤防的防渗帷幕等。

注浆一般根据注浆压力及作用方式分为静压注浆和高压喷射注浆两大类。根据地质条件、注浆压力、浆液对土体的作用机理、浆液的运动形式和替代方式，静压注浆又可分为充填注浆、渗透注浆、压密注浆、劈裂注浆四种。

图 7.2-1 就是一种丙烯酰胺注浆系统的示意图，包括气囊、浆液、压力、探测、控制等系统。在管道堵漏施工中，通过在密封好的气囊中间注入浆液，固化后达到防渗止水作用，如图 7.2-2。

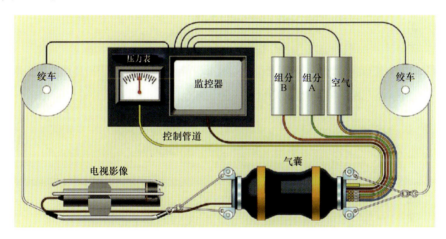

图 7.2-1　丙烯酰胺注浆系统的示意图

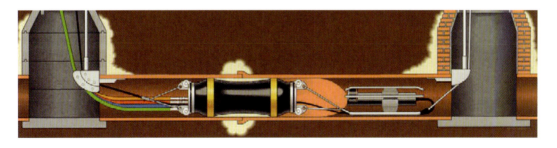

图 7.2-2　管道堵漏注浆示意图

化学注浆是将有流动性和胶凝性的化学浆液，按一定浓度，通过特设的注浆孔，压送到岩土中去。浆液进入岩土裂隙或孔隙中，经扩散、充填其空隙后，硬化、胶结成整体，以起到加固、防渗、改善地基物理力学性质等作用。图 7.2-3 是三种化学注浆形式。

注浆前后效果如图 7.2-4 所示。

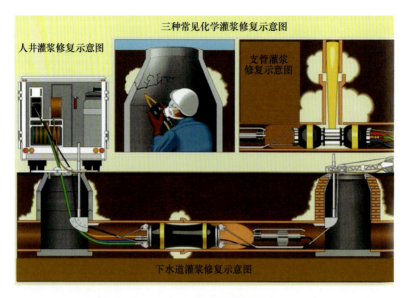

图 7.2-3 三种化学注浆形式

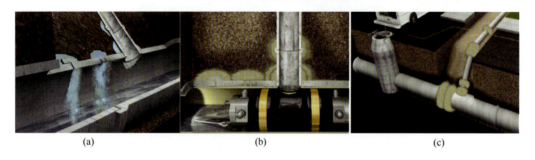

图 7.2-4 注浆前后效果图
(a) 管道渗漏；(b) 化学注浆；(c) 封堵情况

7.2.2 翻转式原位固化修复技术

翻转式原位固化修复技术一般采用热水或热蒸汽进行软管固化。固化过程中应对温度、压力进行实时检测。热水应从标高低的端口通入，以排除管道里面的空气；蒸汽应从标高高的端口通入，以便在标高低的端口处处理冷凝水。树脂固化分为初始固化和后续硬化两个阶段。当软管内水或蒸汽的温度升高时，树脂开始固化，当暴露在外面的内衬管变得坚硬，且起、终点的温度感应器显示温度在同一量级时，初始固化终止。之后均匀升高内衬管内水或蒸汽的温度直到后续硬化温度，并保持该温度一定时间。其固化温度和时间应咨询软管生产商。树脂固化时间取决于：工作段的长度、管道直径、地下情况、使用的蒸汽锅炉功率以及空气压缩机的气量等。该技术适用于供排水管道修复。

1. 目前主流工艺为水翻，气翻与拉入蒸汽固化三套，其工艺原理：

（1）水翻所利用的翻转动力为水，翻转完成后直接使用锅炉将管道内的水加热至一定温度，并保持一定时间，使吸附在纤维织物上的树脂固化，形成内衬牢固紧贴被修复管道内壁的修复工艺，特点是施工设备投入较小，施工工艺要求较其他两套 CIPP 简单。

（2）气翻使用压缩空气作为动力，将 CIPP 衬管翻转入被修复管道内的工艺，使用蒸汽固化，特点是现场临时施工设施较少，施工风险较小，设备投入成本较高。因为施工过程压力较高，不适用重力管道。

（3）拉入采用机械牵引将双面膜的 CIPP 衬管拖入被修管道，使用蒸汽固化。特点是施工风险小，内衬强度高，现场设备多，准备工艺复杂。

2. 场固化内衬修复工艺原理为：

（1）根据现场的实际情况，在工厂内按设计要求制造内衬软管，然后灌浸热硬化性树脂制成树脂软管，施工时将树脂软管和加热用温水输送管翻转插入辅助内衬管内（图 7.2-5 和图 7.2-6）。

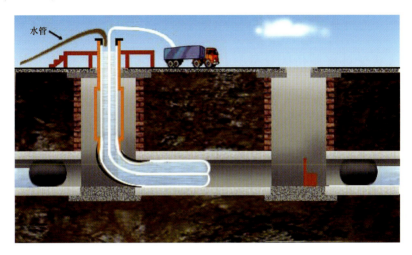

图 7.2-5　翻转送入树脂软管

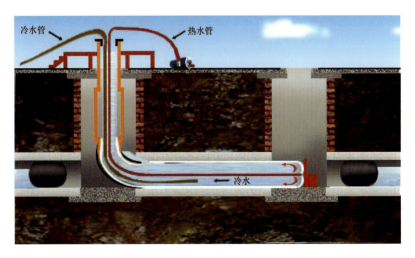

图 7.2-6　温水加热树脂软管

（2）翻转完成之后，利用水和压缩空气使树脂软管膨胀并紧贴在旧管内，然后利用循环的方式通过温水循环加热。使具有热硬化性的树脂软管硬化成型，旧管内即形成一层高强度的内衬新管（图 7.2-7）。

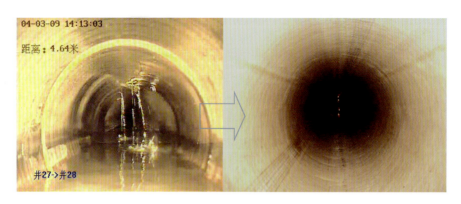

图 7.2-7　修复效果图

7.2.3　拉入式紫外光原位固化修复技术

紫外光固化是在 20 世纪 90 年代进入市场的，目前紫外光灯链主要采用水银蒸气灯泡，其波长一般在 200~400nm 范围内。紫外光固化（UV 固化），是指在强紫外光线照射下，体系中的光敏物质发生化学反应产生活性碎片，引发体系中活性单体或低聚物的聚合、交联，从而使体系由液态涂层瞬间变成固态涂层。该技术适用于供排水管道修复。

紫外光固化材料基本组分：光引发剂、低聚物、稀释剂以及其他组分。

光引发剂受光照射时从基态跃迁到激发态而产生化学分解，生成碎片（自由基、离子）。分类：自由基引发剂、紫外光引发剂、阳离子引发剂和可见光引发剂。自由基引发剂又分为均裂型（苯乙酮衍生物）和提氢型（二苯甲酮/叔胺）。

低聚物是含碳—碳不饱和双键的低分子化合物。包括环氧丙烯酸酯、丙烯酸氨基甲酸酯、聚酯丙烯酸酯、聚醚丙烯酸酯、不饱和聚酯、乙烯基树脂/丙烯酸树脂、多烯/硫醇体系。

稀释剂（单体）是含碳—碳不饱和双键的可聚合单体（丙烯酸酯单体为主）。其分为：单官能单体（$f=1$）（如丙烯酸丁酯）、双官能单体（$f=2$）（如己二醇双丙烯酸酯）、多官能单体（$f>2$）（如三羟甲基丙烷三丙烯酸酯）。

紫外光固化原理图如图 7.2-8、图 7.2-9 所示。

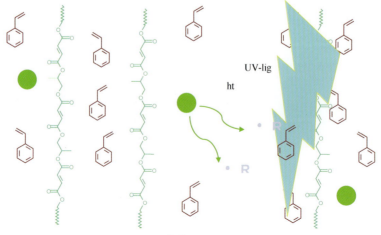

图 7.2-8　紫外光固化原理图一

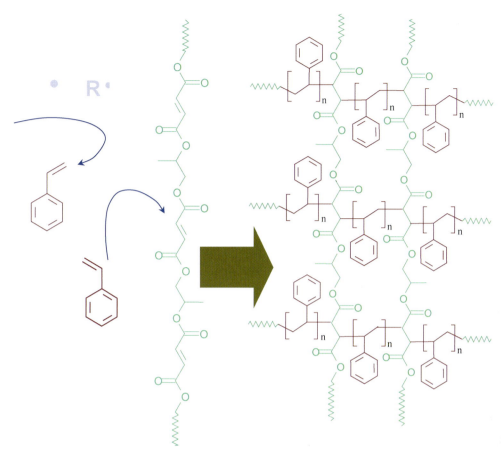

图 7.2-9　紫外光固化原理图二

紫外光固化树脂体系相对于热固性树脂体系具有明显的优点：固化区域定义比较明确，仅在紫外光灯泡照射区域；固化时间短，随着紫外线光源逐渐地向前移动，内衬的冷却也随后连续发生，从而降低了固化收缩在内衬管内引起的内应力；紫外光固化设备上可以安装摄像头，以便实时检测内衬管固化情况；紫外光固化工艺中不用考虑排水管道端口断面高低的问题；固化工艺中不产生废水。但由于内衬管外表面紫外光接收比较少，因此固化效果也相对内表面较差。目前紫外光固化内衬管的最大厚度一般是 3～12mm；固化的平均速度为 1m/min。

内衬管道是由内管和外管组成的双层构造（三明治结构）（图 7.2-10、图 7.2-11），S 内衬材料弹性模量至少可达到 $12000N/mm^3$，固化方法：紫外线。

紫外光固化技术是原位固化技术的一种。采用此工艺修复过程中，将渗透树脂的玻璃纤维，从检查井口通过专业人员、专用设备拉入所要修复的管道内部，封闭两端管口，在此玻璃纤维内衬管内充压缩空气，再采用

图 7.2-10　玻璃纤维编织带

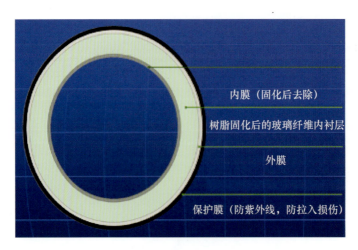

图 7.2-11　紫外光固化内衬管结构示意图

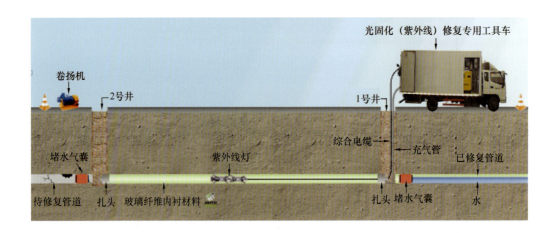

图 7.2-12　紫外光固化内衬修复示意图

紫外线车自动化控制设备进行照射（图 7.2-12）。严格控制下仅用 3~4 个小时，即可达到修复完管道的目的，最终将玻璃纤维管两端封口切除，此段管道便可正常排水。

7.2.4　水泥基材料喷筑修复技术

水泥基材料喷筑修复技术（Centrifugally Cast Concrete Pipe，CCCP）是 AP/M 公司针对大直径破损管道开发的原位浇筑灰浆内衬技术，2001 年正式投入管道修复领域。修复时，将配制好的膏状修复浆料泵送到位于管道中轴线上由压缩空气驱动的高速旋转喷头上，材料在高速旋转离心力的作用下均匀甩向管道内壁，同时旋转浇筑设备在牵引绞车的带动下沿管道中轴线缓慢行驶，使修复材料在管壁形成连续致密的内衬层。当一个回次的浇筑完成后，可以适时进行第二次、三次浇筑……，直到浇筑形成的内衬层达到设计厚度（图 7.2-13、图 7.2-14）。该技术适用于供排水管道修复。

第 7 章 道路地下空洞治理技术

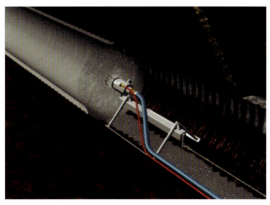

图 7.2-13 CCCP 技术原理图

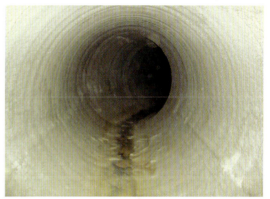

图 7.2-14 CCCP 技术修复后的管道

7.2.5 聚氨酯等高分子喷涂修复技术

聚氨酯等高分子喷涂内衬修复技术是采用专用设备将高分子材料加热，在加热的同时给材料加压，用高速气流将其雾化并喷到管道表面，形成覆盖层，以提高管道抗压、耐蚀、耐磨等性能的新兴非开挖修复工程技术。该技术适用于供排水管道修复。

由催化剂组分（简称 A 料）与树脂组分（简称 B 料）反应生成的一种弹性/刚性体材料。

通过喷涂设备将 A 料和 B 料加温加压，通过专用软管连接到喷枪，在喷出前一刹那 A 料和 B 料形成涡流混合，A 料和 B 料在混合后即喷涂在基体表面，发生快速的化学反应。固化的同时产生大量的热量。化学反应中产生的热量将大大提高喷涂材料和基体的粘结程度。

整个聚氨酯喷涂系统包括：主机、喷涂枪、加热管路、提料泵以及各部件之间的连接管、备用零件、相关工具、空气压缩机（图 7.2-15 和图 7.2-16）。

145

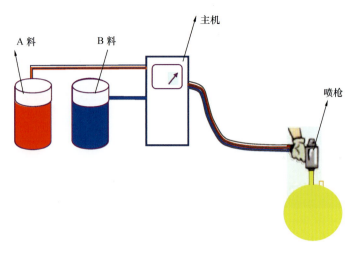

图 7.2-15 工艺原理

图 7.2-16 结构性喷涂法前后效果对比图

7.2.6 机械制螺旋缠绕修复技术

机械制螺旋缠绕法是采用机械缠绕的方法将带状型材在原有管道内形成一条新的管道内衬的修复方法，简称螺旋缠绕法。该技术适用于排水管道修复。

1. 螺旋缠绕工艺分为扩张法和固定口径法

扩张法：该工艺是将带状聚氯乙烯（PVC）型材放在现有的人井底部，通过专用的缠绕机，在原有的管道内螺旋旋转缠绕成一条新管。所用型材外表面布满 T 形肋，以增加其结构强度；而作为新管内壁的内表面则光滑平整。型材两边各有公母边，型材边缘的锁扣在螺旋旋转中互锁，在原有管道内形成一条连续无缝的结构性防水新管。当一段扩张管安装完毕后，通过拉动预置钢线，将二级扣拉断，使新管开始径向扩张，直到新管紧紧地贴在原有管道的内壁上，见图 7.2-17。

固定口径法：固定口径法按照施工工艺主要分为钢塑加强型技术和机头自行走型技术。钢塑加强型技术的缠绕设备安装在检查井内，施工时，设备不动，新管在原管道内旋转缠绕前行，缠绕的过程中带状聚氯乙烯（PVC）或聚乙烯（PE）型材公母锁扣互锁，并将不锈钢带压在互锁处，直至新管到达下一检查井，见图 7.2-18 和图 7.2-19。机头自行走型技术是设备在管道内行走，新管成型后即固定在原管内，直至机头到达下一检查井，见图 7.2-20。两者均需在新管和旧管之间的空隙灌入水泥浆。

图 7.2-17　扩胀螺旋管

图 7.2-18　钢塑加强型等口径螺旋管断面

图 7.2-19　钢塑加强型施工

图 7.2-20　机头自行走型施工

2. 螺旋缠绕管主要有独立结构管和复合结构管两种

（1）独立结构管：PVC，PE 或带钢 PVC，PE 型材螺旋缠绕的新管能独立承受外部荷载。

（2）复合结构管：PVC，PE 型材螺旋缠绕的新管不能独立承受全部外部荷载，新旧管之间的空隙需要填充结构注浆，形成一条新的复合结构管，见图 6.2-21。

（3）PVC 或 PE 的带状型材以螺旋缠绕的方式在原管内形成一条新的管道，带状型材螺旋缠绕的连接方式主要有公母锁扣互锁和 PE 热熔焊接两种。

图 7.2-21　新管与原管之间可不注浆或注浆

7.2.7 管道垫衬法修复技术

管道垫衬法修复技术采用塑料衬垫制作成内衬，加工成需要的规格、长度。通过卷扬机牵引安装进旧管道，通过内衬内充水支撑成形，然后进行注浆，形成新的管壁结构，以提高管道抗压、耐蚀、耐磨等性能的新兴非开挖修复工程技术（图 7.2-22、图 7.2-23）。该技术适用于排水管道修复。

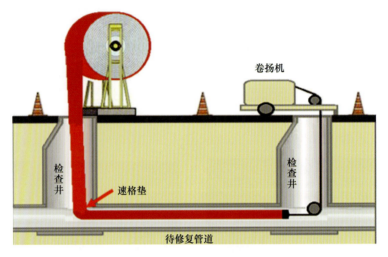

图 7.2-22　工艺原理图一

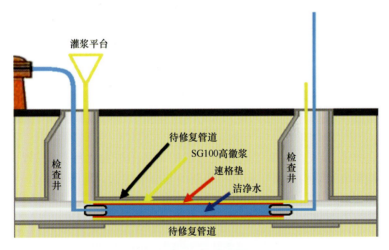

图 7.2-23　工艺原理图二

7.2.8 热塑成型修复技术

热塑成型修复技术是采用牵拉方法将生产压制成"C"形或"H"形的内衬管置入原有管道内，然后通过静置、加热、加压等方法将衬管与原有管道紧密贴合的管道内衬修复技术。该技术适用于供排水管道修复。

热塑成型内衬管的强度高，可单独承受地下管道所有的外部荷载，包括静水压力、土压力和交通荷载。有些产品可以应用于低压压力管道的全结构修复。由于管道的密闭性能卓越,在高压管道的母管强度没有严重破坏的情况下,可以用于高压压力管道的修复。

热塑成型非开挖修复工艺在待修管道的内部,以原管道为模子,通过热塑成型工艺新建一条管道,从而达到修复的目的。图 7.2-24～图 7.2-27 为现场施工的技术示意图。图 7.2-28 为修复的效果展示图。

图 7.2-24　衬管拖入

图 7.2-25　端口插入塞堵

图 7.2-26　衬管热塑成型

图 7.2-27　端口处理

图 7.2-28　热塑成型法管道修复前后对比

7.2.9 管片内衬法修复技术

管片内衬法是采用主要材料为 PVC 材质的模块和特制水泥注浆料,通过使用螺栓将塑料模块在管内连接拼装,然后在原有管道和拼装而成的塑料管道之间,注入特种砂浆,使新旧管道连成一体,形成新的复合管道,达到修复破损管道的目的方法(图 7.2-29、图 7.2-30 和图 7.2-31)该技术适用于排水管道修复。

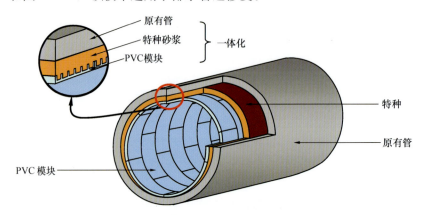

图 7.2-29 管片内衬管道修复技术示意图

图 7.2-30 管片内衬管道修复前后对比

图 7.2-31 管片内衬管道修复后效果(左:渠箱,右:圆形)

7.2.10 不锈钢双胀环修复技术

不锈钢双胀环法是指以环状橡胶止水密封带与不锈钢胀环为主要修复材料，在管道接口或局部损坏部位安装环状橡胶止水密封带，密封带就位后用2道或3道不锈钢胀环固定的管道修复方法。该技术适用于排水管道修复。

（1）双胀圈分两层，一层为紧贴管壁的耐腐蚀特种橡胶，另外一层为两道不锈钢胀环（图7.2-32）。在管道接口或局部损坏部位安装环状橡胶止水密封带，橡胶带就位后用2～3道不锈钢胀环固定，安装时先将螺栓、楔形块、卡口等构件使套环连成整体，再紧贴母管内

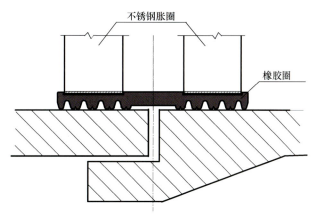

图7.2-32　双胀圈内衬施工示意图

壁，利用专用液压设备，对不锈钢胀环施压固定（图7.2-33、图7.2-34），使安装压力符合管线运行要求，在接缝处建立长久性、密封性的软连接，使管道的承压能力大幅提高，能够保证管线的正常运行。

图7.2-33　扩张器扩展钢片

图7.2-34　塞入固定片

（2）可承受一定接口错位，止水套环的抗内压效果比抗外压要好，但对水流形态和过水断面有一定影响。

（3）排水管道处于流砂或软土暗浜层，由于接口产生缝隙，管周流砂软土从缝隙渗入排水管道内，致使管道及检查井周围土体流失，土路基失稳，管道及检查井下沉，路面沉陷。因此，不锈钢双胀环修理时，必须进行钻孔注浆，对管道及检查井外土体进行注浆加固，形成隔水帷幕防止渗漏，固化管道和检查井周围土体，填充因水土流失造成的空洞，增加地基承载力和变形模量。

7.2.11 不锈钢快速锁法修复技术

不锈钢快速锁法是指采用专用不锈钢圈扩充后将橡胶密封圈挤压在原有管道缺陷位置，形成管道内衬的管道局部修复方法。该技术适用于排水管道修复。

不锈钢快速锁法局部修复工艺具有不需固化、不需发泡，可适用于压力管道的修复，不锈钢快速锁安装原理见图7.2-35。管道修复后效果图见图7.2-36。

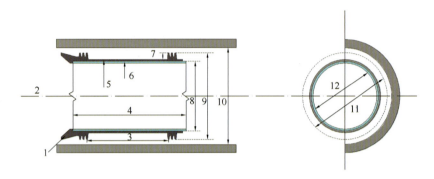

图 7.2-35　不锈钢快速锁安装状态示意图
1—橡胶迎水坡边；2—中心线；3—密封台间距：AN；4—密封长度：L；5—橡胶厚度：
SR；6—不锈钢壁厚：Sx；7—密封高度：Hh；8—不锈钢套筒直径；9—密封台外径；
10—管径：ID；11—密封台外径；12—不锈钢套筒直径

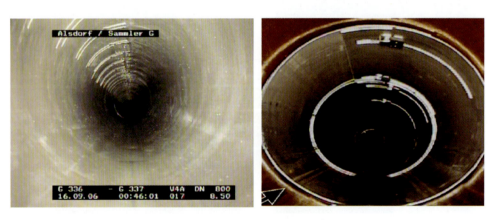

图 7.2-36　管道修复后效果图

7.2.12 不锈钢发泡筒修复技术

不锈钢发泡筒修复技术是指在管道渗漏点处安装一个外附海绵的不锈钢套筒，海绵吸附满聚酯发泡胶浆液，安装就位后，用膨胀气囊使之紧贴管壁，浆液在不锈钢筒与管道间膨胀从而达到止水目的的修复技术。不锈钢发泡筒一般分两层，分别由不锈钢材质和含聚酯发泡胶的填充物组成。该技术适用于排水管道修复。

不锈钢卷筒的设计强度保证并恢复原管道的设计功能。修复后的管道结构强度提高，抗化学腐蚀能力增强，发泡胶填充物能提供结构性保护作用。

7.2.13 点状原位固化修复技术

点状原位固化法是指将经树脂浸透后的织物缠绕在修复气囊上，拉入到待修复位置，修复气囊充气膨胀后使树脂织物压粘于管道内壁上保持压力待树脂固化后形成内衬筒的修复方法，简称点状 CIPP 法（图 7.2-37 和图 7.2-38）。该技术适用于排水管道修复。

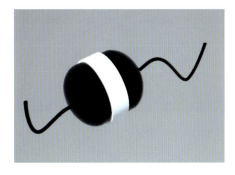
图 7.2-37　修复气囊与毡布

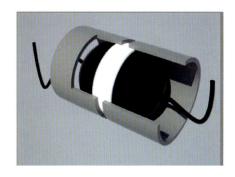
图 7.2-38　修复后效果图

点状原位局部修复技术可对管道局部缺陷进行修复，也可作为全内衬的预处理方案。

（1）点状原位固化采用聚酯树脂、环氧树脂或乙烯基树脂，可使用含钴化合物或有机过氧化物作为催化剂来加速树脂的固化，进行聚合反应成高分子化合物。该材料是单液性注浆材料，施工简单，设备清洗也十分方便。

（2）其树脂与水具有良好的混溶性，浆液遇水后自行分散、乳化，立即进行聚合反应，诱导时间可通过配比进行调整。

（3）该材料对水质的适应较强，一般酸碱性及污水对其性能均无影响。

（4）性能指标见表 7.2-1。

性能指标　　　　　　　　　　　　　　表 7.2-1

序号	项目	指标
1	密度（g/cm³）	1.2～1.27
2	黏度（Pa·s）	150～600
3	环氧当量（g/mol）	291～525
4	诱导固化时间（min）	30～120

7.2.14　短管穿插法修复技术

短管穿插法修复技术是穿插法管道修复技术的延伸，穿插法管道修复技术是在原管道中置入一根新的管道，新管道独立或与原管共同承担原管道功能。该技术适用于排水管道修复。

穿插法管道修复技术需要在原管道两端开挖工作竖井以使新管道整体拖入原管中。短管穿插法是在完全不开挖的情况下进行，利用原管道两端检查井作为工作竖井，即：一端井室用于放置牵拉设备；在另一端井室将经过加工的高密度聚乙烯（HDPE）短管通过人孔下至井室内，在井室内完成短管连接（必要时设置顶推装置），通过两端配合操作，将连接好的管道拖动到所需位置。新管就位后用水泥浆对新、旧管道之间的空隙进行填充保证管道稳固和周围结构安全。短管穿插法修复原理见图 7.2-39。

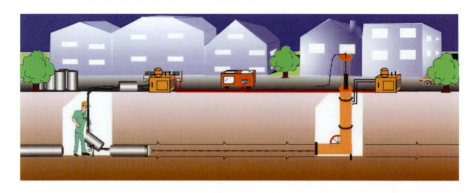

图 7.2-39　短管穿插法修复原理示意图

短管穿插法施工一般采用牵引就位的方法，也可采用顶推或顶推与牵引结合的方法将短管就位。

将短管穿插法与胀管法结合就是短管胀插法修复技术，是采用胀管器或割管牵引头将原管道胀碎或割裂，将原管道碎片挤入周围土体形成观孔，同时将连接好的短管带入以形成新的管道。短管胀插法修复原理见图 7.2-40。

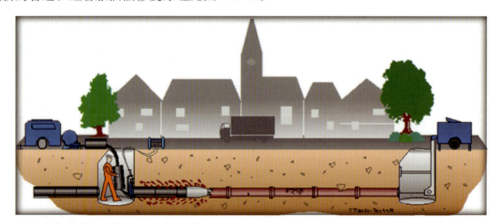

图 7.2-40　短管胀插法修复原理示意图

7.2.15　折叠内衬法修复技术

折叠法是将 PE 内衬管加热并折叠成 U 形、C 形甚至工字形，从一个检查井下插入，从另一个检查井用卷扬机拉出，就位后，在热与压力的作用下，内衬管重新恢复原来的形状，与旧管道形成紧配合复合管道（图 7.2-41）。该技术适用于供排水管道修复。

小直径的内衬管可以在工厂折叠好，缠绕到滚筒上运到工地，在现场通过卷扬机穿过旧管道拖出。该方法适用的管道类型为：压力管道，重力管道及石油、天然气、煤气及化工管道等。使用的内衬管管材为：压力管道内衬管常用 PE 管材，重力管道可选用 PVC 内衬折叠管。适用于管径 100～1200mm，现场折叠需要开挖工作坑，管网截面为圆形管道的整体修复。

图 7.2-41　折叠内衬法管道修复技术原理图

折叠法的主要优点：折叠后断面收缩率高，断面面积可减小 40%，穿插顺畅；新衬管与旧管可形成紧密配合，管道的过流断面损失小，无需对环状空间注浆；施工时占用场地小，可利用现有人井施工；管线连续无接缝，次修复作业距离长；对旧管道清洗要求低，只要达到内壁光滑无毛刺即可。缺点：旧管的结构破坏会导致施工困难；不同的方法对操作人员技术要求不同。

7.2.16　缩径内衬法修复技术

缩径法是指通过机械作用使塑料管道的断面产生变形，如缩小直径或改变形状，然后将新管送入旧管内，最后通过加热、加压或靠自然作用使其恢复到原来的形状和尺寸，从而与旧管形成紧密配合的方法。该技术适用于供排水管道修复。

单次修复管线长度可达 1km。适用管材包括 HDPE、MDPE，根据内衬管变形时的能量来源，缩径法分为两类：冷轧法和模具拉拔法。冷轧法使用一组滚轧机靠径向约束挤压变形（图 7.2-42、图 7.2-43）。拉拔法使用一个缩径模具，牵拉新管强行通过，使塑料管的长分子链重新组合，靠轴向拉伸变形使管径减小。小直径的管道可在常温下拉拔，大直径的管道通常在加温的条件下拉拔。

图 7.2-42　径向缩径设备

图 7.2-43　径向缩径滚轮

缩径法的主要优点：新旧管之间配合紧密，不需注浆，施工速度快；管道修复后的过流断面的损失很小；可适应大曲率半径的弯管，可长距离修复；可用于旧管道结构性和非结构性损坏的修复。缺点：主管道与支管间的连接需开挖进行；旧管的结构性破坏会导致施工困难；这种施工方法的设备昂贵，缩径尺寸有限，施工成本较高；模具拉拔法是一个连续的施工过程，一旦开始施工便不能中途停止，因为绞车停止牵拉时变形管就会开始恢复形状，暂停后难以再置入旧管道内。

7.2.17 不锈钢内衬法修复技术

不锈钢薄板内衬修复技术（图 7.2-44），是在管道内部采用卷板形式的内衬钢板在管道内部进行焊接，整体成形。该技术适用于供水管道修复。

在管道内部内衬钢板能增加管道的整体抗压性，还具有防渗的效果。由于不锈钢内衬可以阻止管道内壁腐蚀，减少管道内壁粗糙度，增加了过流量，使内衬后的管道更安全、更轻便、更经济，使用寿命更长。可用于修复人可进入管道内部的大口径管道，管道口径宜大于 800mm。

该方法的主要优点是：增加了过流量；不锈钢耐高温特性好，可考虑在内部腐蚀较重的供热管道修复中使用。缺点：不锈钢是无极性材料，而金属管件和钢管是有极性材料，两者长时间连接会使无极性不

图 7.2-44 不锈钢薄板内衬修复

锈钢向有极性转化，发生电化学锈蚀；在二通、弯头、变径等管件部位不锈钢内衬需要手工焊接，焊接质量会随着操作人员的技术水平波动，这是影响工程质量的薄弱环节。

7.3 空洞回填技术

7.3.1 空洞回填设计

目前工程行业内，对于地下空洞的处理方法尚未形成一套完整的标准，广泛采用的方法主要为开挖回填法、注浆法（高分子材料注浆和无机材料注浆）以及回填和注浆结合的方法。

为针对性地实施空洞回填技术，在空洞回填方案确定前应对空洞处进行无损检测，确定每处空洞的位置、深度和空洞体积等，并应查明空洞产生的原因，进行空洞回填设计。对于注浆法而言，当空洞体积不大于 $0.05m^3$ 时，宜采用高分子注浆处置方案，当空洞体积大于 $0.05m^3$ 时，宜采用非拌合高分子混凝土处置方案。当采用高分子材料注浆方案处置空洞时，处置孔应采用微孔，微孔设计应符合下列规定：

(1) 应同时设计两个微孔，一个微孔作为注射孔，另一个作为排气孔。
(2) 微孔的直径宜为 10～16mm。
(3) 注射孔的深度应由空洞的位置确定，注射孔的最下部应达到空洞病害的底部位置。
(4) 排气孔的底部宜达到空洞病害的中部。

高强聚合物注浆量应为病害的空腔体积；双组分聚氨酯材料的注浆量应根据病害的空

腔体积和高分子材料的膨胀比确定，注浆量可按下式计算：

$$Q\Sigma_i = \frac{V}{\alpha} \tag{7.3-1}$$

式中　$Q\Sigma_i$——总注浆量（mL）；
　　　V——病害的空洞体积（m³）；
　　　α——高分子材料的膨胀比；宜选择膨胀比大于6的双组分聚氨酯材料或高强聚合物材料。

当采用非拌合高分子混凝土方案处置空洞病害时，处置孔应分别设计大孔（石料输送孔）和微孔，处置孔设计应符合下列规定。

（1）大孔的直径宜为80～120mm。
（2）大孔的深度应由空洞病害的位置确定，石料输送空的最下部应达到空洞病害的底部。
（3）微孔应以中心大孔为中心，向外散开呈等边三角形布置，大孔与微孔的距离宜为0.9～1.2m，两个微孔间的距离宜为0.3～0.4m。

采用非拌合高分子混凝土方案处置空洞病害时，双组分聚氨酯材料的注浆量可按下式计算：

$$Q_t = \frac{V_t l}{\alpha} \tag{7.3-2}$$

式中　Q_t——空腔注浆量（mL）；
　　　V_t——病害的空洞体积（m³）；
　　　l——级配碎石空隙率；
　　　α——高分子材料的膨胀比；宜选择膨胀比大于2的双组分聚氨酯材料和级配碎石材料；双组分聚氨酯材料的膨胀比宜为2～5，级配碎石的空隙率宜为15%～20%。

7.3.2　开挖回填

开挖回填是一种传统的空洞处理方法，是指将道路路面全部挖开至空洞处，再按照路基施工要求进行回填至路床，再铺设面。路基必须密实、均匀、稳定。路槽底面土基设计回弹模量值宜大于或等于30MPa。土质路基压实应采用重型击实标准控制。确有困难时，可采用轻型击实标准控制。土质路基的压实度需满足规范的规定。回填完毕后，新建道路基层，恢复原水泥路面，并加铺沥青。该方法的主要优缺点及适用情况见表7.3-1。

开挖回填法技术特征　　　　　表7.3-1

优点	缺点	使用条件
空洞填充质量易保证，技术成熟度高	对现状路面结构有较大的损伤；作业占用空间较大；作业周期较长；干扰路面交通运行	埋深小于10m的浅层空洞；地下管线渗漏引起的空洞；已造成道路塌陷的路基空洞

7.3.3　高分子材料注浆填充

注浆法是利用注浆材料充填空洞，提高地层的密实性与稳定性，目前使用较为广泛。

根据填充材料的不同，注浆法可分为采用高分子材料注浆方案和非拌合高分子混凝土处置方案处置空洞。主要优缺点及适用情况见表 7.3-2。

注浆填充法技术特征　　　　　　　　　　表 7.3-2

优点	缺点	使用条件
作业占用空间小；作业周期较短；对路面交通影响较小；耗资较小	注浆压力不易控制；施工难度较大；施工质量监控要求高	各种深度的空洞；未造成道路塌陷的路基空洞；地下管线简单区域的空洞

高分子材料注浆施工工艺应符合下列规定。

（1）在施工段应将路面清扫干净。

（2）应采用森林灭火器或高压气枪将病害处吹干净，并清除病害空腔中的杂物。

（3）应按病害复测后确定的微孔坐标在路面上用自喷漆标注出微孔（注浆孔）的位置。

（4）应根据设计孔径选择合适直径的钻头，用冲击钻在路面上确定的注浆孔布设位置钻孔，钻孔深度不得小于设计深度。

（5）加载注浆时，注浆管应使用铜管或钢管；非加载注浆时，注浆管可选用 PVC 管。应使用切割工具按设计的长度截取输送管，并应将输送管下入到输送孔中至病害底部或设计深度。

（6）应将清理干净的注射帽置入到注浆管内。

（7）应按设计或现场调整配比仪确定双组分高分子材料的输送比例或单组分高分子材料的输送量，使用夹具把注射枪与注射夹牢，扣动注射扳机，注射结束后松开扳机，宜 15s 后分离注射枪和注射帽。

（8）注浆后应使用专用工具把注浆帽去掉，待 15～20min 后，使用落锤式弯沉仪或探地雷达进行注浆后检测，检测注浆维修效果。当满足要求完成注浆后，应切除出路面的注浆管；当不满足要求时，应进行补注，直至满足要求为止。

（9）应加热道路密封胶至 190～210℃，用手工或灌注机将道路密封胶注入注浆孔，使密封胶与路面平或略低于路面。

（10）应铲平高出路面的道路密封胶，使用铁刷对注浆孔及污染路面进行处理，将清除的垃圾运出施工现场。

对于高分子材料注浆填充空洞施工过程中应实时监测和检测施工质量，保证填充效果，注浆填充施工的质量检测应符合下列规定。

（1）应按批检测原材料的质量，原材料的质量检验项目和频率应符合表 7.3-3 的规定。

（2）施工过程中应对施工质量进行评定，质量检查、检测的内容、频率、允许偏差应符合表 7.3-4 的规定。

（3）施工中质量控制要点应符合下列规定：

1）注浆帽应与输送管紧密结合，不能松动；

2）应及时调整注浆压力，防止将路面胀起；

3）应控制注射时间和材料用量；

原材料质量检验的项目和频率　　　　　　表7.3-3

原材料		检查项目	检查频率
聚氨酯	A组分	黏度（25℃）	每批料1次或更换生产厂家时
	B组分	黏度（25℃）	
	A、B组分聚合物	膨胀比	随时
		反应时间（25℃）	
		最大膨胀力	每批料1次或更换生产厂家时
		抗拉强度（25℃）	
		弯曲强度	
		抗压强度	
高强度聚合物		标准稠度用水量	随时
		初凝时间	
		终凝时间	
		抗折强度（2h）	每批料1次或更换生产厂家时
		抗压强度（24h）	

施工过程中工程质量的控制标准　　　　　　表7.3-4

项目	单位	要求	检验频率	检验方法
孔位误差	mm	≤5	20%	钢尺测量
孔竖直度	mm	≤5	20%	钢尺测量
钻孔深度	m	≥设计深度	20%	钢尺测量
抬升速度	cm	每次≤1	全检	全站仪
高分子材料填充率	%	≥97	全检	探地雷达（GPR）
弯沉	0.01mm	满足设计要求	总数量的10%，每处病害一个点	落锤式弯沉仪（FWD）
平整度	mm	≤2	总数量的10%，每处病害三个点	塞尺

4）应及时利用落锤式弯沉仪和探地雷达检测处置效果，注浆后弯沉平均值应降低30%以上，最大弯沉不应大于400μm；当不满足要求时，应返工处理；

5）空洞病害处治时，应及时利用落锤式弯沉仪、探地雷达地震仪检测处治效果，重点检测空腔填充是否密实；应根据填充效果和高分子材料的膨胀比及时调整抬升速度；

6）高强聚合物浆液水灰比宜为0.3；

7）在注浆过程中高强聚合物浆液应连续搅拌，每次加工的浆液应在1h内用完，浆液初凝后不得使用。

同样，对于非拌合高分子混凝土方案处置空洞病害施工工艺应符合下列规定。

（1）应在施工段将路面清扫干净。

（2）应使用森林灭火器或高压气枪将脱空处吹干净，并清除空洞空腔中的杂物。

（3）应按病害复测后确定的坐标在路面上用自喷漆标注出大孔（石料输送孔）和小孔

（注浆孔）的位置。

（4）钻头直径应根据设计孔径选择，应使用取芯机或钻孔机在路面上确定的钻孔布设位置钻取大孔；应使用冲击钻在路面上确定的小孔布设位置钻取小孔。钻孔深度不得小于设计深度并且要达到空洞位置的底部。

（5）应使用切割工具按设计的长度截取 PVC 注浆输送管，并应将输送管插入小孔（注浆孔）中至空洞病害底部或设计深度。

（6）应按设计长度截取石料输送管，通过大孔将石料输送管下到空洞位置的底部或设计深度。

（7）应使用专用灌料机械通过石料输送管向空洞病害处灌入级配碎石，随着级配碎石在空腔体灌入量的增加同步提升石料输送管，级配碎石充满空洞病害空腔后拔出石料输送管。应使用探地雷达或地震波仪检测级配碎石填充率，当级配碎石填充率小于设计值时，应使用开锤夯实后补灌级配碎石，直到级配碎石填充率满足设计要求为止。

（8）应将清理干净的注射帽置入注浆管内。应按设计或现场确定的双组分高分子材料的输送比例和输送量调整配比仪，使用夹具把注射枪与注射帽夹牢，扣动注射扳机，等到高分子材料从石料输送孔中冒出时注射结束松开扳机，分离注射枪和注射帽。

（9）注浆后应使用专用工具把注浆帽去除，切除露出路面的注浆管，待 15～20min 后，利用探地雷达进行注浆质量检测，检测级配碎石空隙中高聚物填充率。当高聚物填充率小于设计值时，应进行补注，直到高聚物填充率满足设计要求为止。

（10）加热道路密封胶至 190～210℃，用手工或灌注机将道路密封胶注入注浆孔，使密封胶与路面平或略低于路面。

（11）使用热拌沥青混合料或坑槽修补料填补石料输送孔，并用小型压实机具压实。

（12）应铲平高出路面的道路密封胶，使用铁刷对注浆孔及污染路面进行处理，将清除的垃圾运出施工现场。

非拌合高分子混凝土填充空洞处置施工过程中级配碎石的质量检验项目和频率应符合表 7.3-5 的规定。

级配碎石质量检查的项目与频率   表 7.3-5

原材料	检查项目	检查频率
石料	级配	随时
	含泥量	
	针片状含量	
	压碎值	每批料 1 次或更换生产厂家时
	含水量	
	坚固性	

施工过程中应对施工质量进行评定，质量检查、检测的内容、频率、允许偏差应符合表 7.3-6 的规定。

施工中质量控制应符合下列规定：

（1）注浆帽应与输送管紧密结合，不得松动；

（2）应根据脱空体积、填充效果及时调整高分子材料的膨胀比，达到最佳处置效果；

(3) 应根据填充效果及时调整级配碎石的空隙率;
(4) 应控制注射时间和材料用量;
(5) 应及时利用落锤式弯沉仪、探地雷达、地震仪检测处置效果,应重点检测级配碎石填充率,级配碎石的空隙率、流动性及灌入速度,高聚物填充率等;
(6) 注浆后最大弯沉不应大于 $400\mu m$。

施工过程中工程质量的控制标准　　　　表 7.3-6

项目	单位	要求	检验频率	检验方法
孔位误差	mm	≤5	20%	钢尺测量
孔竖直度	mm	≤5	20%	钢尺测量
钻孔深度	m	≥设计深度	20%	钢尺测量
空腔中级配碎石填充率	%	80~85	全检	探地雷达(GPR)
空隙中高聚物填充率	%	≥96	全检	探地雷达(GPR)
弯沉	0.01mm	满足设计要求	总数量的10%,每处病害一个点	落锤式弯沉仪(FWD)
平整度	mm	≤2	总数量的10%,每处病害三个点	塞尺

7.3.4 无机材料注浆填充

无机材料注浆填充应用较为广泛,一般以水泥砂浆、素混凝土等为主,注浆料应具有如下特点:

(1) 高流动性:搅拌混合后的填充料,可以流遍每个施工面的每个角落缝隙,施工比较便利,易于填充密实。

(2) 不可压缩性:填充混合料凝固后为混凝土制品,长期受地下水侵蚀不会发生沉降。

(3) 固化后的整体性:填充混合料浇筑凝结后形成一个整体,对小部分区域地质改变有一定的抵抗性。

(4) 节能环保:可利用粉煤灰、矿渣、石粉等工业废料,无毒无害,不会破坏周围土地的性质。

注浆应做好下面工作:

(1) 施工准备。

1) 施工前,项目部应管理与技术人员应进行施工图纸学习,学习相关规范与技术标准,认真听取业主单位、监理单位的施工要求,特别注意与各专业工种间协同作战。

2) 对技术管理人员、工长进行施工方案、技术交底。交底要有交底记录和签名。向施工班组进行各个分项工程技术交底。内容包括:现浇气泡混合轻质土施工方法,工程质量标准,质量保证的技术措施,成品保护措施,设备的使用与维护及安全注意事项等。

3) 填充区域位于地下,要确保填充区域的准确性。

4) 灌注孔和观察孔的位置和距离一定要确认核实,深度、垂直度也要满足设计要求。

5) 在浇筑注浆料前首先要做好防排水工作,保证施工区域无积水。

(2) 材料准备。

注浆料可采用现场配置或采用商品混凝土或商品砂浆，配置或商用混凝土强度不低于C15，配置或商品砂浆强度不低于M5。

现场配置注浆料时，各原材料应满足下列要求：

1）水泥性能应符合现行国家标准《通用硅酸盐水泥》GB 175 的规定，并应有出厂检验报告和产品合格证。

2）粗、细骨料的质量应符合现行行业标准《普通混凝土用砂、石质量及检验方法标准》JGJ 52 的规定。粗集料应选用耐久性好、强度高、质密的碎石或卵石。集料的最大粒径，现场拌合混凝土不宜大于20mm。细集料应选用中、粗砂。

（3）拌合用水应采用饮用水或水质符合现行行业标准《混凝土用水标准》JGJ 63 规定的天然洁净水。

施工时，应根据雷达探测的部位，先进行填料充填（有空洞处）；后进行压力注浆，并按照分时分段、少灌多复的原则实施。

7.3.5 回填与注浆结合

针对既有开挖的空洞，可以采取充填注浆与开挖方案相结合的方案。对已暴露出来的空洞，可以更有效的进行空洞回填和地基加固处理。

对于人行道的空洞，采用开挖回填方案进行处理；对于已发生沉陷的机动车道，并已将水泥混凝土板打掉的路段，采用充填注浆处理；对于未出现沉陷，但有雷达探测显示有空洞的路段，采用充填注浆处理。

综上所述，在进行具体的空洞处理方案设计时，要对各种方案进行充分的研究，综合考虑具体工程的地质条件、使用要求、现场施工条件，以及对周围环境的影响等因素，选择最适宜的方案。

7.3.6 填充与注浆法处理地下空洞案例

广州工业大道是海珠以及番禺等广州南部地区连接珠江北岸的必经之地，是一条西北至东南走向的城市主干路。本次旧路改造的工业大道全长约4.9km，宽31.5～45m。在道路改造施工过程中，发现机动车道路面及人行道下有较多空洞，现状路面已出现明显的塌陷和倾斜。鉴于工业大道已发生多起道路塌陷事故，对群众的生命安全构成很大的威胁，因此对其危险性不得不及时进行处理。

工业大道的道路病害调查委托相关单位采用探地雷达技术进行道路检测。检测场地表层为沥青混凝土面层或水泥混凝土路面，其下为水泥稳定层，基层多为素填土和粉质黏土。水泥混凝土面层、水泥稳定层、基层之间均存在一定的介电常数差异，当出现空洞、下沉等病害时，这种介电常数差异会加大，电磁波反射会出现明显的异常，因而适于采用地质雷达检测。由于探测深度较浅（小于或等于300cm），测线工作量较大，因此必须选用高速、高分辨率的高新技术——探地雷达方法进行检测。

探地雷达所采集的原始记录输入计算机后使用专业的后处理软件进行编辑、滤波、振幅均衡等处理后，形成供解释用的剖面，进行地质解释，得到最终结果。其结论可作为路面治理的参考依据。对于本次雷达探测的危险区、较危险区，应引起相关部门的重视，特别是危险区,其基层的结构有一定的变动,形成空洞的可能性较大,应采取有力措施保证路面安全。

根据浆液对岩土体的作用机理、浆液的运动形式和替代方式,注浆法分为充填注浆、渗透注浆、压密注浆、劈裂注浆等多种类型。在本工程里,由于雷达探测探出路面以下有多处空洞,并连成一片,具有大裂隙、洞穴等特征。根据以上注浆类型的适用范围,采用充填注浆法。针对雷达探测的部位,先进行级配料充填(有空洞处);后进行压力注浆,并按照分时分段、少灌多复的原则实施。

(1) 级配料充填

对于空洞处,边钻边充填级配料。一般先从最细一级开始,当用相当数量细骨料充填满钻孔时,利用钻机反复扫空,再填较细骨料,直至较细一级骨料不能再填入,可视注浆条件已形成。实施过程中应尽多地填入级配料,形成良好的可注浆条件,并防止骨料卡钻,造成"假满"现象。

(2) 压力注浆

当形成注浆条件后,级配料充填结束,采用孔口封闭、孔内循环、自上而下、分段分时,在一定注浆压力下灌注一定比例的水泥、砂及化学浆液,使浆液首先充填裂隙和空洞,并沿弱应力或小主应力面发生劈裂。随着注浆量和浆压力的增加,灌注的浆液在土层中扩散、延伸、挤密,最终固结,从根本上改变土体的物理力学性质和对外力的反应机制,提高土体强度,达到充填空洞和加固地基的目的。

(3) 施工措施

施工工艺流程:布孔——钻孔——预埋注浆管——级配料充填——制浆——注浆——跟踪观测——注浆参数综合控制——终灌封孔,根据空洞部位确定孔口位置和深度,成孔时须注意地下管道、电缆、土工布等,保证准确无误。采用钻机,泥浆护壁钻进,孔深至回填土层的底部。浆液采用普通硅酸盐水泥,水灰比不小于 0.5,采用少灌多复,自下而上分次灌注的方式施工。

注浆量、注浆流量、注浆时间三者之间具有紧密关系,但是它们取决于地基土体的性质和浆液的渗透性等因素。在进行大规模注浆施工时,宜在施工现场进行试验性注浆以确定上述三个设计参数。浆液有效扩散距离或扩散半径根据现场试验确定。注浆量和注浆有效范围应通过现场注浆试验确定,在黏性土地基中,浆液注入率宜为 15%～20%。注浆点上的覆盖土厚度应大于 2m。在砂土中,注浆压力宜选用 0.2～1.5MPa;在黏性土中,宜选用 0.3～0.6MPa。

(4) 检测与监测

注浆后应使用专用工具把注浆帽去除,待 15～20min 后,使用落锤式弯沉仪或探地雷达进行注浆后检测,检测注浆维修效果。当满足要求完成注浆后,应切除露出路面的注浆管;当不满足要求时,应进行补注,直到满足要求为止。注浆完成并满足要求后应加热道路密封胶至 190～210℃,用手工或灌注机将道路密封胶注入注浆孔,使密封胶与路面平或略低于路面。并铲平高出路面的道路密封胶,使用铁刷对注浆孔及污染路面进行处理,将清除的垃圾运出施工现场。

第8章 道路塌陷防治实例

8.1 概述

道路塌陷的防治可总结为检测、分析和处置三个主要环节（图 8.1-1）。其中检测分析是进行道路塌陷防治的基础，是将塌陷的治理从事故发生后的抢险变为事故发生前的预防的重要保障。

图 8.1-1 道路塌陷防治

检测可以探明道路之下病害体的有无、大小、范围，提高处置决策的科学性和针对性。随着物探理论的成熟和技术装备的进步，地面以下状况的探测深度和可靠度逐步提升，可以选用的检测方法越来越多，但道路地下探测的特殊性使得探地雷达法成为最适宜也是应用最为广泛的道路地下病害体检测方法，探地雷达检测法也是本书着重介绍的道路地下病害体检测方法。

本章结合工程经验，依据《城市地下病害体综合探测与风险评估技术标准》JGJ/T 437—2018，分析了探地雷达检测典型的道路地下病害体的成果，总结了地下病害体的典型数据特征，归纳了地下病害体的类型、分级和主要成因。在地下病害体的处置中，本章罗列了常用的处置方法，并提出应将修复后的复检作为处置的重要一环。

8.2 道路塌陷检测

广州市在中心城区几条重要道路的普查过程中应用了车载三维雷达，并对检测发现病害特征的位置实施了多频复查和钻孔验证。证明了雷达检测方法在实际工程中的有效性。

8.2.1 广州大道某处

广州大道某处雷达探测结果与位置如表 8.2-1 所示。

初步判断该处存在脱空病害后，进行了钻孔验证，如表 8.2-2 所示。

雷达探测结果与位置　　　　　　　　　　　　　　　　　表 8.2-1

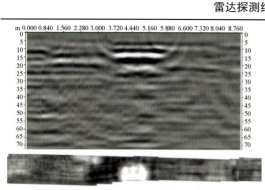

三维雷达图

地理位置图

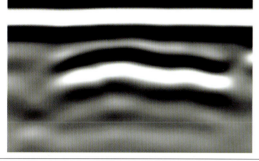

病害体纵向二维雷达照片

病害体横向二维雷达照片

验证　　　　　　　　　　　　　　　　　　　　　　　表 8.2-2

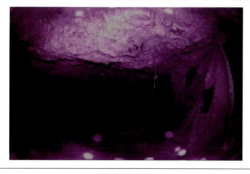

钻孔照片一

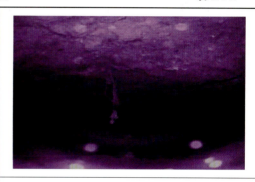

钻孔照片二

钻孔位置图

芯样局部照

续表

周边环境照一	周边环境照二

结合探测和验证结果,对该处病害总结如表 8.2-3 所示。

该处病害总结　　　　　表 8.2-3

道路现状	路面轻微沉降
钻孔描述	0～0.30m 沥青混凝土层,0.30～0.60m 水泥混凝土层,钻至 0.60m 时出现掉钻,0.60～0.90m 为脱空
病害体与周边管线相对位置	自来水:垂直行车道方向、埋深 0.6m,燃气:沿行车道方向、埋深 1.0m,排水:垂直行车道方向、埋深 5m
初步成因分析	病害体周边存在多类管网,未处于在建地铁沿线,初步分析可能为基层与底基层间粘结性较差,在长期路面车辆荷载作用下所致或地下水流冲蚀所致
风险发生可能性	近期发生可能性较小,远期发生可能性较大
风险后果	后果影响一般
处置建议	建议开挖处置或注浆处置,处理前定期巡视和探测(探测频率不低于 1 次/月)

8.2.2　机场路某处

机场路某处雷达探测结果与位置如表 8.2-4 所示。

雷达探测结果与位置　　　　　表 8.2-4

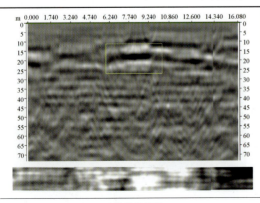	
三维雷达图谱	地理位置图

第8章 道路塌陷防治实例

续表

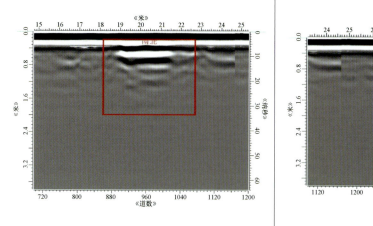	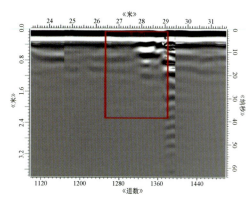
病害体纵向二维雷达照片	病害体横向二维雷达照片

初步判断该处存在空洞病害后，进行了钻孔验证，如表8.2-5所示。

验证　　　　　　　　　　　　　　　　　　　　　表8.2-5

	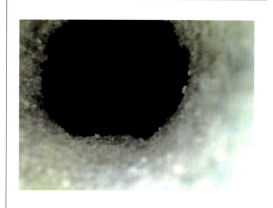
钻孔照片一	钻孔照片二

钻孔照片三	钻孔照片四

167

续表

周边环境照一	周边环境照二

结合探测和验证结果，对该处病害总结如表8.2-6所示。

该处病害总结　　　　　　　　　　　　　　　表8.2-6

道路现状	路面状况良好，污水井边存在轻微开裂及沉降
钻孔描述	0～0.30m为道路结构层，钻机钻进速度较慢，0.30m出现掉钻现象，0.30～1.10m为空洞
病害体与周边管线相对位置	位于横穿过路污水管线上方，污水井东侧
初步成因分析	该处区域污水井可能存在渗漏，在渗漏水体的冲刷作用下路基土体被带走，导致道路下方被掏空形成空洞病害
风险发生可能性	近期发生可能性较小，远期发生可能性较大
风险后果	后果影响一般
处置建议	建议开挖回填，处理前定期巡视和探测（探测频率不低于1次/月）

8.2.3　滨江路某处

滨江路某处雷达探测结果与位置如表8.2-7所示。

雷达探测结果与位置　　　　　　　　　　　　表8.2-7

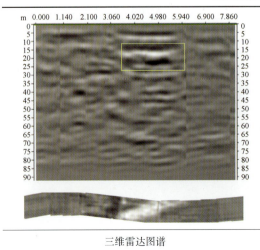	
三维雷达图谱	地理位置图

第 8 章 道路塌陷防治实例

续表

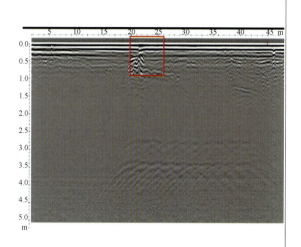

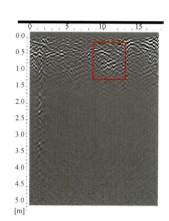

| 病害体纵向二维雷达照片 | 病害体横向二维雷达照片 |

初步判断该处存在脱空病害后,进行了钻孔验证如表 8.2-8 所示。

验证　　　　　　　　　　　　　　　　　表 8.2-8

| 钻孔照片一 | 钻孔照片二 |

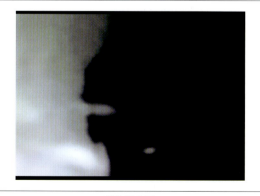

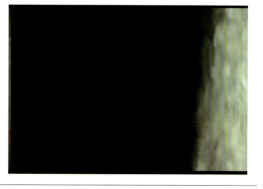

| 钻孔照片三 | 钻孔照片四 |

续表

周边环境照一

周边环境照二

结合探测和验证结果，对该处病害总结如表8.2-9所示。

该处病害总结　　　　　　　　表8.2-9

道路现状	路面状况良好
病害体与周边管线相对位置	沿行车道方向存在给水管，垂直行车道方向存在排水管和电力管
初步成因分析	可能为地表水下渗或管道渗漏所致
风险发生可能性	近期发生可能性较小，远期发生可能性较大
风险后果	后果影响一般
处置建议	建议注浆处置，处置前加强巡视，定期探测（探测频率不低于1次/月）

8.3 地下病害体治理

地下病害体处置是指对探查发现的地下病害体进行处置以消除隐患，对地下病害体进行探测是处置的重要环节，所以地下病害体的处置可分为检测探查→处置修复→效果复查三个环节。检测探查已在前文详细描述，本节主要讲述处置修复和复查。

8.3.1 处置方法

地下病害体根据其类型、深度，采用开挖回填法、注浆法（高分子材料注浆和无机材料注浆）以及回填和注浆结合的方式进行维修处置。

（1）开挖回填

开挖回填的优势是可以直观地看到地下病害体的种类、规模、影响范围，且处置质量有保障（图8.3-1）。

（2）无机材料注浆

无机材料注浆也是一种常用的处置方式，其优点是对路面结构物破坏，处置周期短，可较快恢复交通（图8.3-2）。

（3）高聚物注浆

高聚物注浆基本工艺与混凝土注浆相类似，主要区别在于以高聚物材料代替混凝土作

图 8.3-1 开挖回填

图 8.3-2 混凝土注浆

为注浆料。高聚物材料不含水，不会产生干缩现象，能够密实填充脱空。高聚物注浆形成的材料具有很好的柔韧性，抗拉强度和抗压强度比较接近，材料为弹性体，因此不容易发生开裂，并具有较好的抗渗性，能阻止雨水下渗（图 8.3-3）。

图 8.3-3 高聚物注浆

8.3.2 广州市道路地下病害处置前后检测对比

在地下病害体的处置过程中,应将修复后的复检作为其中的重要一环。复检可评价修复效果,促进和保障修复质量。依据《城市地下病害体综合探测与风险评估技术标准》JGJ/T 437—2018,下文列举了几处病害体处置前后的雷达探测结果,在对空洞采用回填与无机材料注浆处理,对疏松土体采用无机材料注浆后,通过分析数据发现部分病害体处置效果一般,在复检中仍能探查到较为明显的地下病害体,需要进行二次处置。

(1) 修复后复测位置1 (表8.3-1)

修复后复测位置1的处置效果评价　　　　　表8.3-1

病害体类型		脱空		病害体等级		Ⅲ	
长 (m)	5.6	宽 (m)	1.1	埋深 (m)	0.5	高度 (m)	0.1
原三维雷达图 (450m 维修前)				三维雷达图 (170m 维修后)			
处置效果评价				处置效果良好			

(2) 修复后复测位置2 (表8.3-2)

修复后复测位置2的处置效果评价　　　　　表8.3-2

病害体类型		疏松		病害体等级		Ⅱ	
长 (m)	11.4	宽 (m)	7.3	埋深 (m)	0.7	高度 (m)	0.4
原三维雷达图 (450m 维修前)				三维雷达图 (170m 维修后)			
处置效果评价				处置效果良好			

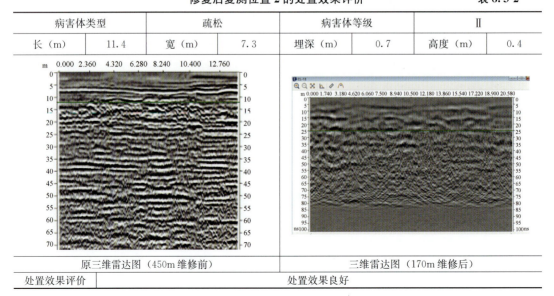

(3) 修复后复测位置 3（表 8.3-3）

修复后复测位置 3 的处置效果评价　　　　表 8.3-3

病害体类型		空洞		病害体等级		Ⅲ	
长（m）	1.8	宽（m）	1.0	埋深（m）	0.8	高度（m）	0.3
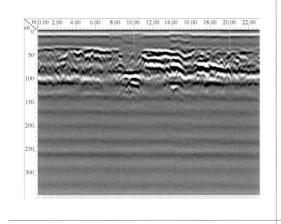				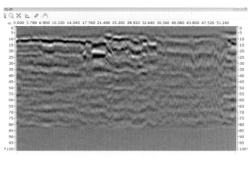			
原三维雷达图（450m 维修前）				三维雷达图（170m 维修后）			
处置效果评价				处置效果良好			

(4) 修复后复测位置 4（表 8.3-4）

修复后复测位置 4 的处置效果评价　　　　表 8.3-4

病害体类型		脱空		病害体等级		Ⅲ	
长（m）	2.9	宽（m）	0.9	埋深（m）	0.6	高度（m）	0.2
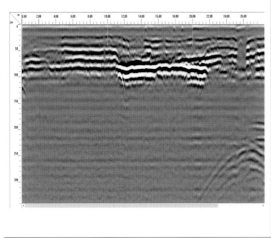				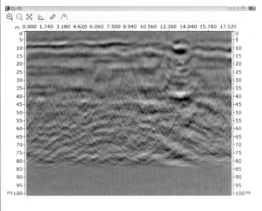			
原三维雷达图（450m 维修前）				三维雷达图（170m 维修后）			
处置效果评价				处置效果良好			

(5) 修复后复测位置 5（表 8.3-5）

修复后复测位置5的处置效果评价　　　　　　　　　表8.3-5

病害体类型		脱空		病害体等级		Ⅲ	
长（m）	2.4	宽（m）	6.0	埋深（m）	0.7	高度（m）	0.3

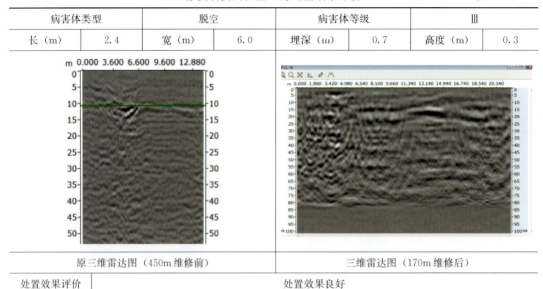

原三维雷达图（450m维修前）	三维雷达图（170m维修后）
处置效果评价	处置效果良好

（6）修复后复测位置6（表8.3-6）

修复后复测位置6的处置效果评价　　　　　　　　　表8.3-6

病害体类型		脱空		病害体等级		Ⅲ	
长（m）	1.6	宽（m）	0.8	埋深（m）	0.4	高度（m）	0.2

处置前三维雷达图	处置后三维雷达图
道路现状	路面状况良好，未发现明显不均匀沉降
钻孔描述	0~0.20m沥青混凝土层，0.20~0.40m水泥混凝土层，0.40~0.60m脱空
病害体与周边管线相对位置	病害体范围附近有纵向排水混凝土管，埋深1.33m，管径400mm，其旁边存在通信检查井
初步成因分析	位于广州火车站出租车上客点和公交车站附近，由于长期机动车频繁作用下产生
风险发生可能性	近期发生可能性较小，远期发生可能性较大
风险后果	后果影响一般
处置效果评价	工程处理后，内部脱空部分被填料充实，但原脱空区域顶部依旧存在空隙

（7）修复后复测位置 7（表 8.3-7）

修复后复测位置 7 的处置效果评价　　　　表 8.3-7

病害体类型		空洞		病害体等级		Ⅳ	
长（m）	0.7	宽（m）	3.8	埋深（m）	0.4	高度（m）	0.8
处置前三维雷达图				处置后三维雷达图			
道路现状		路面状况良好，未发现明显不均匀沉降					
钻孔描述		0～0.20m 沥青混凝土层，0.20～0.40m 水泥混凝土层，0.40～1.20m 空洞					
病害体与周边管线相对位置		病害体范围内有纵向管线和横向管线，附近纵向燃气钢管，埋深 0.9m，管径 400mm					
初步成因分析		病害体内部存在三根管线，可能为管线周边填土不密实且所处路段交通量大使其土体流失					
风险发生可能性		近期发生可能性较大					
风险后果		后果影响较严重					
处置效果评价		处置效果良好，雷达图像中未见空隙					

（8）修复后复测位置 8（表 8.3-8）

修复后复测位置 8 的处置效果评价　　　　表 8.3-8

病害体类型		脱空		病害体等级		Ⅲ	
长（m）	4.3	宽（m）	0.7	埋深（m）	0.5	高度（m）	0.2

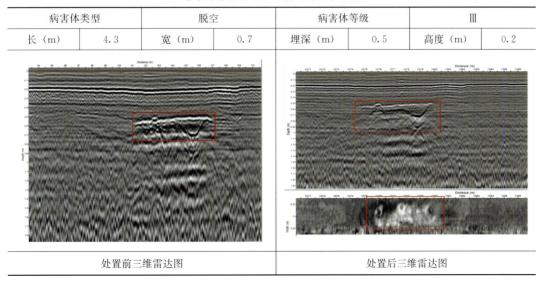

处置前三维雷达图	处置后三维雷达图

续表

道路现状	路面状况良好，未发现明显不均匀沉降
钻孔描述	0～0.20m沥青混凝土层，0.20～0.50m水泥混凝土层，0.50～0.70m脱空
病害体与周边管线相对位置	病害体范围附近有高压电缆管线，埋深0.7m
初步成因分析	可能为层间粘结不良且服役年限较长，在长期路面车辆荷载作用所致
风险发生可能性	近期发生可能性较小，远期发生可能性较大
风险后果	后果影响一般
处置效果评价	工程处理后，内部脱空部分被填料充实，但原脱空区域顶部依旧存在空隙

（9）修复后复测位置9（表8.3-9）

修复后复测位置9的处置效果评价　　　　　　　　表8.3-9

病害体类型	脱空			病害体等级		Ⅲ	
长（m）	0.7～0.8	宽（m）	1.3～1.8	埋深（m）	0.4	高度（m）	0.1～0.2

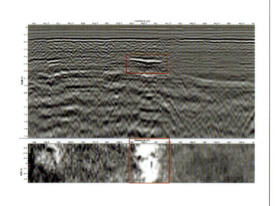 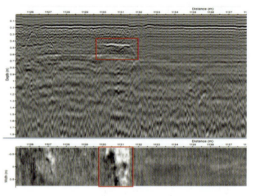

处置前三维雷达图	处置后三维雷达图

道路现状	路面状况良好，未发现明显不均匀沉降
钻孔描述	0～0.20m沥青混凝土层，0.20～0.40m水泥混凝土层，0.40～0.60m脱空
病害体与周边管线相对位置	病害体范围附近有横向燃气PE管，埋深在1.5m以下，管径160mm；靠路缘带外有纵向排水混凝土管，埋深1.1m，管径300mm
初步成因分析	病害体位于桥梁段与路基段衔接的范围内，周边存在大型商场，车流量大，可能为长期路面车辆荷载作用所致
风险发生可能性	近期发生可能性较小，远期发生可能性较大
风险后果	后果影响一般
处置效果评价	工程处理后，内部脱空部分被填料充实，但原脱空区域顶部依旧存在空隙

（10）修复后复测位置10（表8.3-10）

第8章 道路塌陷防治实例

修复后复测位置10的处置效果评价　　　　　　　　　　　　　表8.3-10

病害体类型		脱空		病害体等级		Ⅲ	
长（m）	1.0～3.5	宽（m）	1.3～3.8	埋深（m）	0.4～0.5	高度（m）	0.1～0.3

处置前三维雷达图	处置后三维雷达图

钻探描述：由于病害处存在管线，为保证管线安全，未钻取芯样，已在病害体边缘、管线位置路表面嵌入钉子，做好现场标记。

道路现状	路面状况良好，未发现明显不均匀沉降
钻孔描述	0～0.20m沥青混凝土层，0.20～0.40m水泥混凝土层，0.40～0.70m脱空
病害体与周边管线相对位置	病害体范围附近有四排纵向钢管，埋深0.8m，管径400mm；纵向混凝土管，埋深3.02m，管径500mm
初步成因分析	病害体周围存在管线，可能为管线周围填土不密实所致
风险发生可能性	近期发生可能性较小，远期发生可能性较大
风险后果	后果影响一般
处置效果评价	工程处理后，内部脱空部分被填料充实，但原脱空区域顶部依旧存在空隙

（11）修复后复测位置11（表8.3-11）

修复后复测位置11的处置效果评价　　　　　　　　　　　　　表8.3-11

病害体类型		空洞		病害体等级		Ⅳ	
长（m）	1.4	宽（m）	0.6	埋深（m）	0.3	高度（m）	1.5

处置前三维雷达图	处置后三维雷达图

续表

道路现状	路面状况良好，未发现明显不均匀沉降
钻孔描述	0～0.10m 沥青混凝土层，0.10～0.30m 水泥混凝土层，0.30~1.80m 空洞
病害体与周边管线相对位置	病害体范围附近有纵向燃气钢管，埋深1m，管径529mm；纵向自来水混凝土管，埋深1.2m，管径1200mm
初步成因分析	病害体内部存在排水管，管线出现漏水现象，不断冲刷所致
风险发生可能性	近期发生可能性较大
风险后果	后果影响较严重
处置效果评价	工程处理后，内部脱空部分被填料充实，但原脱空区域顶部依旧存在空隙

(12) 修复后复测位置12（表 8.3-12）

修复后复测位置12 的处置效果评价 表 8.3-12

编号	ZSDD-1			道路名称		天河路
病害体类型	脱空			病害体等级		Ⅲ
长（m）	1.6	宽（m）	1.0	中心坐标	E	113.36119125
埋深（m）	0.5	高度（m）	0.3		N	23.13443958
位置描述			东行车道—中山大道西 BRT 公交站上社站附近			

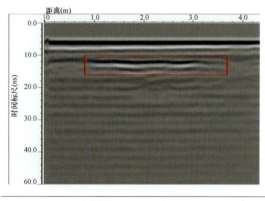

病害体纵向二维雷达照片　　　　　　　　地理位置图

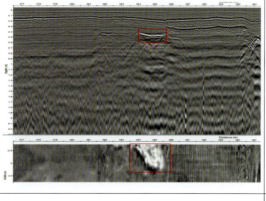

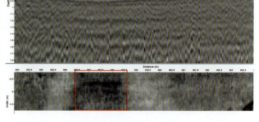

处置前三维雷达图　　　　　　　　　　处置后三维雷达图

续表

道路现状	路面状况出现裂缝，未发现明显不均匀沉降
钻孔描述	0~0.20m沥青混凝土层，0.20~0.50m水泥混凝土层，0.50~0.80m脱空
病害体与周边管线相对位置	病害体范围附近有管线，管线埋深0.6m
初步成因分析	位于公交车站附近，表面存在裂缝，加速路面水的渗入且病害体内部有大量积水，可能为水作用和在长期路面车辆荷载作用所致
风险发生可能性	近期发生可能性较小，远期发生可能性较大
风险后果	后果影响一般
处置效果评价	处置效果良好，雷达图像中未见空隙

参 考 文 献

[1] 胡聿涵，白玉川，徐海珏．近10年中国城市道路塌陷原因及防治对策分析[J]．公路，2016(09)，130-134．

[2] 毛小平，黄少华．天津市道路塌陷根源分析及其防治对策[J]．自然灾害学报，2014(06)，218-226．

[3] 张成平，王梦恕，张顶立，李倩倩．城市隧道施工诱发地面塌陷的预测模型[J]．中国铁道科学，2012(04)，31-36．

[4] 吴子树，张利民，胡定．土拱的形成机理及存在条件的探讨[J]．成都科技大学学报，1995，2：83-87．

[5] 李智强．城市道路塌陷成因与机理分析[J]．华东公路，2013(04)，3-5．

[6] 时刚．交通荷载下城市路面塌陷问题的试验研究[J]．地下空间与工程学报，2020(04)，1202-1209．

[7] 陶连金．城市道路地下空洞病害发展机理及对路面塌陷的影响[J]．黑龙江科技大学学报，2015(03)，289-293．

[8] 郭帅．城市排水系统地下水入渗及土壤侵蚀问题研究[D]．杭州：浙江大学，2012．

[9] 王帅超．城市地下管道渗漏引起的路面塌陷机理分析与研究[D]．郑州：郑州大学，2017．

[10] 王雨．地铁隧道施工对地下管线变形的影响研究[D]．北京：北京交通大学，2014．

[11] 卢丹美．广州市金沙洲地区地面塌陷特征及危险性评价[D]．成都：成都理工大学，2013．

[12] 高大潮．水力管线渗漏诱发地面塌陷模型试验研究[D]．济南：山东建筑大学，2020．

[13] 韩丽娜．瞬态瑞雷面波法评价岩溶路基注浆效果影响因素研究[D]．成都：西南交通大学，2015．

[14] 高程鹏．循环动荷载下下伏空洞路面塌陷的模型试验研究[J]．水文地质工程地质，2021(01)，70-77．

[15] 张冬梅，杜伟伟，高程鹏．间断级配砂土中管线破损引起的渗流侵蚀模型试验[J]．岩土工程学报，2018(11)，2129-2135．

[16] 何伟．综合物探方法在城市道路地基病害检测中的应用：第十五届全国工程物探与岩土工程测试学术大会[C]．中国福建厦门，2017．

[17] 贾辉，陈昌彦，孙增伟．城市道路地下空洞探测技术研究现状及发展[J]．岩土工程技术，2012(06)：277-284．

[18] 刘康和．面波探测新技术综述[J]．电力勘测，1997(02)：61-64．

[19] 孙勇军，徐佩芬，凌甦群，等．微动勘查方法及其研究进展[J]．地球物理学进展，2009，24(01)：326-334．

[20] 田银川．综合物探在地质灾害探查中的应用研究[D]．成都：成都理工大学，2019．

[21] 殷勇，吴明和．微动勘探技术在建筑岩土工程勘察中应用研究[J]．福建建筑，2018(10)：63-68．

[22] 盛勇，贾慧涛，刘杨．微动勘探方法技术研究及其应用[J]．安徽地质，2019(1)：34-39．

[23] 张洋洋．地震映像技术在浅层隐伏空区探测中的应用[J]．矿山测量，2020，48(06)：40-42．

[24] 《城市地下病害体综合探测与风险评估技术标准》JGJ/T 437-2018[S]．北京：中国建筑工业出版社，2018．

[25] 陈凯．管道检测国内外研究历史与发展现状[J]．科技创业家，2013，11：107．

[26] 王鹏．基于图像处理和人工智能的排水管道病害[D]．北京：北京信息科技大学，2008．

[27] 余建伟，周京春，李清泉．基于排水管道胶囊的城市管网病害检测研究[J]．城市勘测，2021(1)：167-171．

[28] 李清泉，朱家松，李虹等．基于漂流式胶囊机器人的管道快速检测系统[J]．中国给水排水，2021，37(10)：126-132．

[29] 郑州安源工程技术有限公司，中国建筑第七工程局有限公司．CJJ/T 260—2016 道路深层病害非开挖处治技术规程[S]．北京：中国建筑工业出版社，2016．

[30] 广州市市政集团有限公司．CJJ 181—2012 城镇排水管道检测与评估技术规程[S]．北京：中国建筑工业出版社，2012．

[31] 城市建设研究院．CJJ 159—2011 城镇供水管网漏水探测技术规程[S]．北京：中国建筑工业出版社，2011．

[32] 北京市测绘设计研究院，正元地理信息有限责任公司．CJJ 61—2017 城市地下管线探测技术规程[S]．北京：中国建筑工业出版社，2017．

[33] 北京市政路桥管理养护集团有限公司，南通英雄建设集团有限公司．CJJ 36—2016 城镇道路养护技术规范[S]．北京：中国建筑工业出版社，2016．

[34] 安关峰．城镇排水管道非开挖修复工程技术指南(第二版)[M]．北京：中国建筑工业出版社，2020．

[35] 龚培俐，李维．瞬变电磁法在采空塌陷灾害中的应用——以神东煤矿采空区调查为例[J]．地质力学学报，2018，24(03)：416-423．